カント「視霊者の夢」

金森誠也 訳

講談社学術文庫

訳者まえがき

本書は、一八世紀の東プロイセン生まれの哲学者、イマヌエル・カントが著した『視霊者の夢』(Träume eines Geistersehers, erläutert durch Träume der Metaphysik『形而上学の夢によって解釈された視霊者の夢』) の全訳である。カントは、この書を同時代の科学者で神秘思想家のエマヌエル・スヴェーデンボリ(日本では英語読みでスウェーデンボルグと表記する場合が多いが、本書ではスウェーデン語読みとする)への批判として執筆した。ここでは、一言でいえば人間の「霊魂」に対する彼の見解が語られている。

プラトンとアリストテレス、ヘーゲルとショーペンハウアー、ヴァーグナーとニーチェというように、世界思想史上には、多くのすぐれた思想家たちのするどい対決がみられる。ある意味では、多くの民族、国家の実際の戦争よりも、人類の歴史の上に深い影響を与えてきたといえよう。カントとスヴェーデンボリの対決も、このところ超能力の世界への関心が増大しているときだけに、今日に至っても依然として注目されるところであろう。従来合理主義的思考が優位を占めている時代にあっては、空想、夢想に基づいて霊界の「体験」を語ったスヴェーデンボリよりも、これを理性的に批判したカントの方に軍配をあげる傾きがあった。だが超経験的なるもの、非合理的なるものの探索がさかんになった今日では、かならずしもそのようには断定されえない面もでてきたようだ。

まずここでは、カントの批判の対象となったスヴェーデンボリの生涯と業績について、述べておこう。

彼は一六八八年スウェーデンの首都ストックホルムで、キリスト教新教、ルター派の牧師の息子として生まれた。幼少時からすでにかなり神秘的傾向をもっていたらしく、一〇歳になるかならないうちに教会の牧師たちと神について語ることを好んだ。そのため近所の人々は、神か天使がこの少年の口を借りて、神秘的な物事を言っていると噂したという。彼は数学や鉱物学を学び、ウプサラ大学を卒業した後は長いあいだスウェーデン国の鉱山局の技師をつとめ、その後（一七一九年）貴族に叙せられ、数十年にわたって貴族院議員として政界で活動した。このように彼は実務家である一方、科学者、発明家としても大きな業績を残した。

彼はとりわけ発明家としての才能を発揮し、製塩機、潜水艇から飛行機まで発案したといわれる。

たしかにルネサンスの時代には、ダ・ヴィンチ、フランシス・ベーコン、ファウスト博士などスケールの大きい未来志向の巨人が続出した。たとえば、ゲーテの有名な戯曲の主人公になったゲオルク・ファウスト博士などは一六世紀初期に活動した実在の人であるにもかかわらず、早くも宇宙船、冷凍冷蔵庫、ロボットなどを構想したと伝説本に書かれている。二匹の竜にひかれた宇宙船にのったファウスト博士が地球をまわる軌道をたどりながら宇宙旅行をする物語などはまさに未来の先取りである。スヴェーデンボリは時代的には少しおくれるが、これらのルネサンスの巨人のいずれにもけっしてひけをとらない未来の科学技術を予言する巨人であった。それかあらぬかゲーテのファウストはスヴェーデンボリの生活をそのまま描いたという見解すら打ち出されている。

しかしスヴェーデンボリを世界的に有名にしたのは、彼の霊界との交流の記録であった。彼は一七四〇年頃から自らの神秘的体験に基づいて、神智学的著作を公けにした。中でも彼が一七四九年から五六年にわたって、イギリスのロンドンで自費出版した『神秘な天体』八巻は、彼の視霊者としての評判を高めた。彼は八四歳まで生きたが、その後半生においていわゆる霊的生活をおくり、霊の世界と交信しその結果を発表する霊媒としてヨーロッパ中に話題を提供した。

彼が亡くなったのは一七七二年滞留中のロンドンにおいてであったが、死後も評判が高まるばかりであった。そして死後一三〇年を経た一九〇八年になってから母国スウェーデンの学士院が、国王に依頼して軍艦を仕立て、ロンドン郊外に葬られていたこの巨人の遺骸を引き取りに行ったほどだ。そして彼の遺体をおさめた石棺は、ウプサラの大聖堂内に安置された。

スヴェーデンボリ信奉者はとくにスウェーデン、北アメリカ、それにイギリスに多く、一八九三年には、イギリスだけでも八〇を超すスヴェーデンボリ信奉者団体があった。また一九一〇年ロンドンで開かれた国際スヴェーデンボリ会議には、世界中の学者、宗教家など四〇〇人が出席し、それぞれ二〇の専門部会に分かれて、彼の学殖を二〇世紀の学問水準に立って討議、検討した。

アメリカの哲人エマーソンや、ヘレン・ケラー女史が彼の思想を信奉していたことはよく知られている。

ところでイマヌエル・カント（一七二四―一八〇四）が、スヴェーデンボリの思想に接するようになったのは遅くとも一七六二年である。本書巻末に参考資料として、スヴェーデンボリの『神秘な天体』の抜粋につづいて、クノープロッホ嬢あてのカントの書簡（一七六三年八月）を掲載したが、これをみても、彼がこの北方の神秘家に対して並々ならぬ関心を抱いていたことがわかる。そして一七六六年に『視霊者の夢』――正式には『形而上学の夢によって解釈された視霊者の夢』を刊行し、スヴェーデンボリに対決する姿勢を明らかにした。

カントの結論は、人間は霊魂や霊界との交流に関する空想、夢想をしりぞけ、むしろ現実の生活に真面目に取り組むべきだということにある。それはこの論文の末尾にはっきりと書かれている。「……あの世におけるわれわれの運命は、おそらくわれわれがこの世におけるおのれの立場をいかに保ってゆくかということにかかっているらしく思われることからしても、わたしは本論文をかのヴォルテールがあの誠実なカンディードに、多くの無駄な学問論争のあと最後に言わせた『われわれはおのれの幸福の心配をしよう。庭に行って働こうではないか』という言葉をもって閉じることにする」。カントはこう述べているが、ヴォルテールの原書は「しかしとにかくわが畑を耕す必要がある」と記している。

カントの霊的なるものの認識についての懐疑的態度、それにカントが本論文のなかで、碩学《せきがく》の視霊者スヴェーデンボリをきわめて揶揄的な調子で批判したことについては、多くの批判的意見が打ち出された。もちろんスヴェーデンボリを否定する考え方も表明され、まさに百家争鳴の有様になった。ここではカントおよびスヴェーデンボリ自身の文章だけでは、両者の対立を理解するにはあまりにも不十分なので、読者の皆さんの便宜をはかり、スヴェーデンボリの思想を彼の著書『私は霊界を見て来た』（今村光一訳、叢文社、一九七五）などを参考にしてそのあらましを伝えることにする。

スヴェーデンボリは現実の世界に生きる人間でありながら霊界に出入りできたという。彼によれば、彼が霊界に入り、霊たちと交わることができたのは、おのれ自身の意志により彼の霊を彼自身の肉体から離脱させたからだ。彼は霊たちと肉体をもつ人間としてではなく、一個の霊として交わった。しかし同時にその場合でも、彼が肉体をもつ人間であったことはたしかだ。だが人間に霊たちが見えないように、霊たちには人間の肉体は見えない。それゆえ霊たちは霊としてだけの彼を見、彼を霊として取扱ったのである。

さて人間が死ぬと、その肉体に住んでいる霊は霊界へ旅立つことになるが、それまでには普通二、三日の間がある。死と同時に肉体のなかの霊はめざめるが、このことを知って霊界からは導きの霊がやってきてまず死者を精霊界につれてゆく。

この世の人間が死んでまず行く場所が精霊界である。人間は死後ただちに霊となるわけではなく、いったん精霊となって精霊界に入ったのち、ここを出ていよいよ霊界へ入り、そこに永遠の生を送る霊となる。

亡者の霊が霊界に入った暁には、この世にあったとき、たとえ仲のよい家族であった者たちでも、霊たちは別々の団体に属するようになり、もはや永遠に会うことはない。たとえば、ある家族の場合、父と息子、母と幼児、それに娘と恋人は将来霊界でも会うことを希望していたとしても、結局は全家族ともバラバラに再び会うことのない別の霊界の団体に属することになる。

ところで霊界の様子だが、スヴェーデンボリによれば、霊たちは人間界の町や市、村落のように、あちこちにそれぞれ集団を作って生活しているもようである。なぜなら同じ町や村のなかの霊たちの様子には、どこか共通した特徴がみられ、また同じ町や村の霊同士の話しぶりの親密さにくらべ他の町や村の霊との間柄はさほど親密なものがないようにみえたからだ。さらに同じ町や村の霊の顔つきや性格には、たとえ顔つきの外形は異なっていても全員がどこか共通した性質があり、その相似はこの世の人間の親子兄弟姉妹よりずっと濃く、親密さもそれ以上であった。霊になると実の親子兄弟でも永遠に離散するのに、時代や土地ははなれていてもたとえば有徳といった共通部分のある霊たちはこのように一緒の町や村で暮らすことになるわけだ。スヴェーデンボリを批判したカントがこの状況を次のように適切に説明している（本書一〇七—一〇八頁）。

「……どの人間の魂も、霊界に座を占めており、つねに彼の真と善の内的状態、すなわち悟性と意志の状態に適合したある種の団体に属している。そうはいうものの霊たちが共同生活している場所は、物質的世界の空間とは何の共通するところもない。したがってインドに住む人間の魂は、霊の状況からすればヨーロッパにいる他の人の魂と、しばしば一番親しい隣人同士ということもありうるし、逆に、肉体的には同じ家屋に居住する者同士が、霊の関係からすれば、まったく遠方にいることもありうるのだ」。

霊界には太陽があり、これから発する霊流を受けて霊たちは生きている。したがって霊流が受けられなくなるように、人（霊）の背後に立つことは霊界ではもっとも非礼の行為とされている。

霊界には三つの世界があり、それを上、中、下の三世界という。三世界は霊界であるという点ではいずれも同じであるが、三世界に住む霊の性質には、主にその霊の人格の高さという点に違いがあり、上世界に住む霊は、霊の心の窓が最も広く開け、中世界はこれに次ぎ下世界は中世界より劣るという具合になっている。

またスヴェーデンボリによれば、霊界の西の地平線の上に一人の巨人が姿を現すことがある。巨人はやがて大きな腕を霊界全体にわたって振り回し、また額から強烈な光のようなものを同じように全霊界に向かって放つ。そうすると霊界を侵略し、あわよくば、崩壊させようとはかっている数千の凶霊たちは、ものすごい叫び声をあげて地の中へ落下していく。

カントもこの巨人イメージには圧倒されたらしく、「まことにとてつもなく壮大な空想である。これはおそらく彼の子どものときの表象が延長されたものであろう……」などと述べている。

ところで天人が舞う霊界もある反面、ひどい地獄のような霊界もある。ここは地下の大きな洞穴であり、その住人の顔つきはといえば、ある者は眼がくぼみ眼窩ばかりが暗い穴のようになっていて頬の肉は落ち、さながら骸骨のようである。またある者は無気味な歯をむき出しニタニタといやらしくうす気味悪い笑いを顔面にただよわせる。さらにある者は額の半分がそげて取れ、残り半分だけの顔になっている。彼らはいずれも地獄界の悪霊で、その使命はつねに地上にある霊たちを誘惑し、暗い道にさそいこむことだ。

ダンテの地獄編の亡霊たちは恐ろしいが、スヴェーデンボリの地獄の霊も形姿や顔つきがまるで第二次大戦の大空襲や市街戦の犠牲者のようにまがまがしく、うす気味悪いだけに、不思議と迫力をもっている。

ところでカントをはじめ当時の人々がスヴェーデンボリの洞察力、ひいては超能力についてとくに感銘を受けたのは、彼がその自著のなかで述べた二つの視霊の実例、それに一つの千里眼の実例である。まず彼がスウェーデンのさるやんごとなき貴婦人（実は女王だがカントは大公夫人と言っている）の依頼をうけ、死せるある将軍の霊に会って、将軍が死ぬまで秘密にしていたことを問いただすことになった。この実例はカント自身の紹介ではあまりにも簡単なので多少補足して説明しよう。

依頼を受けたスヴェーデンボリの霊は、霊界のある団体の中から彼の霊の方に何か人待ち気な顔をのぞかせている一個の霊を発見した。そこで彼の霊はたずねた。

「あなたは世にあったときはスウェーデンという国の将軍でしたか？」

霊の表情にわずかながら反応があった。

「世にあったときのことは細かには憶い出せません、ただ赤い光が多くあったところ（戦場の意味）に出向いたことがしばしばあり、それがわずかに記憶にのこっています」。

その後将軍の霊は少しずつ記憶をとりもどしてスヴェーデンボリの霊に答えてくれた。

彼は女王にお会いし、将軍が語ってくれたことを伝えた。これはこの将軍が出陣した戦場での出来事に関連したものであった。女王は視霊者の報告が正確で細部にわたっていることに驚き、

「これはわたしと死者以外にだれも知るはずのない事実だったのに……」と感嘆したという。

第二、第三の実例は、カント自身が本書九二頁と九三頁でくわしく紹介しているので重複をさけるが、第二の実話はオランダの外交官夫人から亡夫の債務の有無をしらべてくれとたのまれたスヴェーデンボリが、その亡夫の死霊に会い、債務が完済されたことを示す領収書のありかをおしえられ、しかもそれが実在した話。第三の実話は、スヴェーデンボリがイエーテボリにいながら八〇キロはなれた首都ストックホルムにおける大火事の状況を、つぶさに言いあてたことである。

これらの超能力をスヴェーデンボリがもっていたことは同時代の人々によって証明されているという。現在でもオカルト研究家として知られるコリン・ウィルソンは、

スヴェーデンボリの著述から受ける「確からしさの手応え」を高く評価している。そうしたことからも批判哲学者カントがこうした巨人といかに対決したかは、まことに興味深いところであり、その状況を本書から読みとっていただければ幸甚である。

金森誠也

一九九一年　三月

目次

カント「視霊者の夢」

病人のもろもろの夢のように
むなしい形態がつくりあげられる
ホラティウス

詳述する前に、きわめてわずかなことしか約束しないまえがき

霊界は空想家がでっちあげた楽園である。ここでは彼らが好き勝手に造成した無限に広い土地が見出される。憂鬱な気分、乳母のおとぎ話、修道院をめぐる奇跡など、建設材料に事欠かない。哲学者たちは霊界の見取り図を描くと、再びそれを変更するか、あるいは彼らがいつも行なっているようにそれをしりぞける。ただ聖なるローマだけが、ここに実り多い地域を確保している。見えざる王国の二つの王冠が、その地上の主権のあぶなっかしい王位をあらわす第三の王冠を守ってくれる。そしてあの世の二つの扉を開く鍵が同時に、共感をこめて、現世という箱を開いてくれる。

政治的な手腕に基づいて証明される限りこうした霊界の特権は学者たちのすべての無力な反論を打破してしまう。それに上手に用いようと、下手に使おうといずれにしても、霊界の特権は、もともと曖昧な吟味にかけられるにはあまりにも崇高である。しかし霊界に関する通俗的なもろもろの物語は、あまりにも広く信じられており、少なくともたいした反論にあうこともないために、実益は一つもないのにそれこそ無思慮に横行し、学問体系のなかにさえ忍びこんでいる。

それはなぜであろうか？　こうした物語は、すべての証明のなかでも、もっとも信頼がおける利益からの証明（argumentum ab utili）をもっていないのにもかかわらず、幅をきかしているからだ。一方には理性的できわめて説得力のある目撃者の断言、他方にはあだやおろそかには克服できない疑念が生み出す心底からの反論がある。その両者のあいだにはさまれて、およそ考えられる限りのもっとも単純愚直な態度を一度は示した哲学者がいなかったろうか？

哲学者はまずこうした霊の現象すべての正しさを完全に否定すべきだろうか？　彼はこうした現象を否定するどのような根拠を示すことができるだろうか？

第二に彼はこれらの物語のうちのただ一つだけをおそらくありそうなことだとして認めるべきであろうか？　こうした告白がどんなに重要なことになるだろうか？　そしてもし、こうした霊界実話の一つでも、証明済みとして前提されることになれば、いったいどんなに驚くべき結果が予見されるだろうか？

おそらく、この他に第三の行き方が残されているだろう。それはこの種のこざかしい不急不要の問題には一切かかわりをもたず、ただ有益なことにのみ固執する態度である。たしかにこの第三のもくろみは理性的だが、これを打ち出した者は常に、重箱の隅をつつくようないじけた学者たちの多数決によって非難されることになろう。

　多くの人々によって、多少の真理があるものとして語られた事柄を、何の根拠もないのに一切信じないのは、下品なもろもろの噂話を、何の吟味もせずにすべてを信じるのと同様ばかげた偏見である。そこで、この本の著者であるわたしは、何としても第一の偏見を避けるために、第二の偏見に部分的に引きずられてゆくことになろう。わたしはいくらかへりくだった気持から、霊界にまつわるいくつかの物語の真相を究明するにあたって誠意ある態度を示すことを告白したい。わたしは、普通人々が何も求めていないところでは何も見出さない。おそらくこのことだけでも、一冊の本を書くに足る十分な原因となるであろう。しかしわたしという控え目な著述家がしばしば本を書かされたのは、親しさに程度のちがいこそあれ、友人たちが熱心に励ましてくれたことが原因となっている。それに加えて、ある人つまりスヴェーデンボリ氏の膨大な著作を、わたしが買い、しかももっと悪いことにそれを読んだといういきさつがある。この苦労をけっして無にしてはなるまい。こうした事情から本書が生まれたわけだ。わたしはいささか得意となっている。だが、たとえもっとも高尚な部分が理解されなかったり信じられなかったにしても、本書の他の部分は面白いと読者の皆さんが笑ってくださるだろう。本書は、こうした事情からしても読者に完全に満足していただけると思う。

第一部　独断編

第一章　好き勝手に解きほぐしたりあるいは断ち切ることができる混乱した形而上学的な糸の結び目

もし霊について学童が機械的に唱えること、大衆が物語ること、そして哲学者が証明することすべてをまとめてみると、これらはけっしてわれわれの知識の一小部分にとどまるものではないように思われる。だがもしだれかが、一般に霊という名で理解していると信じられるものはいったいどんなものかという疑問をあれこれ穿鑿《せんさく》するならば、その人は世の多くの物知りたちをひどく困惑させるだろうとわたしは主張したい。大学におけるいかにも整然としたおしゃべりも実はしばしば、言葉の意味をただ変えてみることによって、解答が困難な疑問に取り組むのを回避しようという内々の了解にすぎないことがある。

なぜなら、便利な上に、しばしば理にかなっている「わたしは知らない」といういまわしは大学ではめったに聞けないからである。喜々として自ら現代の世界的賢人と称している人々は、あっさりとこの疑問を次のようにして通りぬける。すなわち霊は理性をもっている存在だとされていることからしても視霊はけっして超能力には入らない。なぜなら人間という存在を見る者はだれしも理性をもっている存在を見るからである。この推理はさらにつづけられる。しかし人間のなかで理性をもっている個所は人間のなかのほんの一部であり、そしてその理性を活動させているこの部分は霊である、というのだ。

よろしい、賢人よ、あなた方は、霊的存在のみが理性をもつことができるということを証明する前に、このわたしが霊的存在なるものについて、いかなる概念をもつべきかを理解できるよう、まず配慮してもらいたいものだ。目を半分開いただけでもすぐにそれがいかにいい加減であるかを指摘できるようなこうした自己欺瞞はそれでも、はっきりした起源をもっている。人が昔、子どものとき多く知っていたことを、年をとるにつれて忘れ、老年になるとなんにもわからなくなるのは確実だ。徹底性のある人といわれている者も、とどのつまり若いときの妄想をたかだか後生大事に保存しているソフィストにすぎない。

ところでわたしは、霊があるかどうかを知らない。いやそればかりか、霊という言葉が何を意味するかすら、まったくわかっていない。そうはいっても、わたし自身この言葉をしばしば用いているし、あるいは他の人たちが使っているのを聞いている。だから、たとえそれがいかなる幻想であろうと、あるいは何か実在するものであろうと「霊」という言葉によって何事かが理解されねばなるまい。そのかくされた意味を解明するために、わたしは、自らあまりよく理解していないこの概念を、ありとあらゆる場合に適用し、そもそもどんな場合にこの概念があてはまるか、またどんな場合に、あてはまらないかを指摘することによって、そのかくされた意味を解明しようと望んでいる。*

*〔原注〕もし霊の概念がわれわれ自身の経験的概念と別物であるとするならば、これをはっきりさせようという措置はいたって簡単であろう。この種の存在についての意味を明らかにし、それによりわれわれがこれを物質的な事柄から区別できるような指標を明らかにしさえすればよいからである。ところがはたしてそうしたものが存在するかどうか疑われていても、霊魂というものは話題になっている。したがって霊的な存在についての概念は、経験から抽象化された概念として扱うことはできない。ところがもし抽象化されたのでないとすれば、どうして人はそもそもこの概念にたどりついたのであろう？　という疑問が出るであろう。

これについてわたしは次のようにお答えしよう。多くの概念は、経験をした機会にひそかなはっきりしない推論を通じて生まれるが、その後経験の意識、あるいはそもそも概念がつくられるときどのように推論されたかの意識がまったくなくなったとしてもけっこう一人歩きをしてゆくものだ。こうした概念を人は、詐取された概念と名づけることができる。こうした概念は空想的迷妄以外の何物でもないものが多いが、なかには、はっきりしないにせよ、推論がかならずしもまちがっていないことから真理となっているものも少なくない。たとえいろいろな物語に登場してきたとしても、常に一つのはっきりした標識が見られるような言葉のいいまわしや表現の結びつきには、やはり一つの意味が与えられる。しかもこのかくされた意味が、それと一致するか反対するかはともかく、適用されるあらゆる場合と比較することによって曖昧さを脱出することができれば、獲得された意味はいっそう発展することになるであろう。

たとえば、一立方フィートの空間をとり、それが何であろうとこの空間を充満するもの、すなわち他のあらゆる物質の侵入に抵抗するものをそのなかに置いたとしよう。なんぴともこの方式で、空間のなかを占めた存在を霊的とは名づけないであろう。これは明らかに物質的と呼ばれるであろう。なぜならこれは広がりをもっており、不可入であり、すべての物質的なるものと同様、可分性ならびに衝突の法則に従っているからである。ここまではわれわれはまだ他の哲学者が敷いた軌道の上を走っている。しかしここで一つの単純な存在を考え、これに同時に理性を与えたとすると霊という言葉の意味をきちんと満たすことになるであろうか？　このことを見出すために、わたしは、いま述べたこの単純な存在に、内面的な性質として理性を残しておこうと思う。だがいまからその外面的なもろもろの関係を観察し、さらには次のようにたずねてみよう。もしわたしがこの単純な実体を物質でいっぱいになっているあの一立方フィートの空間のなかに導こうとするならば、この霊的存在が問題の空間の一部を占めるために、これまでその場所を占めていた物質の一部は席を譲らねばならないであろうか？　あなた方は、「然り」と答えるであろうか？

よろしい。もし、然りという答えであれば、問題の空間は今後、第二の霊を受け入れる段になると、これまでそこを占めていた物質は第二の部分を失わねばならないであろう。この作業をどんどんつづけてゆくならば、ついに一立方フィートの空間は、霊で充満することになろう。しかもその霊のかたまりは、あたかも完全な物質であるかのように、不可入性によって他者に抵抗し、さらに完全な物質と同じように、衝突の法則に従うにちがいない。

しかしそうなってくると、たとえ理性の力を内包しているにせよこうした実体は外面的には物質の成分とまったく変わらないことになる。もともと物質の場合は、ただその外面的に存在する力がわかっているだけであって、その内面的性質が何であるかは、まったく知られていない。ともかくひとまとめのかたまりになるようなこの種の単純な実体をどうしても、霊的存在とは呼べないことは疑う余地がない。したがって、物質によって満たされた空間のなかにもありうるという存在を考えるときだけ、霊の概念が保持される。*

*〔原注〕わたしがここでは、ひたすら部分として世界全体に属している霊を言うのであって世界全体の創造者および維持者としての無限の霊について語っているのではないことはすぐにおわかりのことと思う。後者の霊的存在についての概念は平易である。なぜならその概念は単に否定的だからである。それというのもそもそも無限にしてしかもまったく必然的な実体とは矛盾する物質という性質がのっけから否定されることによってこの概念が成立するからである。これに反し、たとえば、人間の魂のように、物質と結びつくことになっている霊的実体においてはややこしいことが起こってくる。こうした霊的実体は物質的なるものとたがいに結びついて全体をなすと考えられるが、それでありながら、物質的な存在のあいだに生ずる唯一の知られたる結合方式は消滅する。これが難点である。

こうした霊的存在はしたがってそれ自身不可入性という特性をもっておらず、いくらこれを集めてみたところで、固体のようにけっしてしっかりかたまった全体をつくることができない。この種の単純な存在は、非物質的であり、とくに理性を備えている場合は霊魂と呼ばれるであろう。ところが、結合されると、不可入性を備え、広がりのある全体をなす単純な実体は、物質的な統一体となり、その全体は物質と呼ばれる。霊という名は、まったく意味のない言葉でなければ、その意味は前述したとおりであろう。

ところで、霊の概念が何を含むかという説明から、霊のこうした性質が、実際にあるのだ、いやただありうるのだとする命題に至るまでの道は、ものすごく遠い。哲学者の著作のなかには、信頼に足るような、立派な証明がいくつもある。思考するものはすべて、ひたすら存在せねばならない、とか、理性的に思考するあらゆる実体は自然の一つの統一体であるとか、不可分の自我は多くの事物が結合している全体のなかに分けることができないとかいった証明がそれである。そうしたことからしても、わたしの魂も、単純な実体であろう。そうはいってもこの証明にのっとって、やれわたしの魂が空間のなかで結合し、広がりがあり、不可入性の全体をなすようなものと同じであるとか、やれわたしの魂は非物質的であり、したがって霊であるとか、そればかりか、この種の存在は、霊的と呼ばれているものとしてのみ可能であるなどということは、依然としてはっきりとしていない。

ところでわたしは、もっとも奥深く、もっともわかりにくい疑問にいともあっさりと取り組んでゆこうという性急な決断を、いましめざるをえない。普通一般の経験概念に属するものについては人々はあたかもその可能性すら洞察できるものとみなしがちである。これに反し、こうした経験概念とはかけはなれており、経験を通じても類比推理によってもけっして理解できないものについては、人々はもちろん概念をつくりあげることができないので、こうしたものをありえないこととしてただちに棄て去るのを常とする。

すべての物質は空間のなかに存在することにより抵抗を示しており、したがって不可入性を備えていると言われる。こうしたことが起こることを経験が教えてくれるため、この経験から抽象することによって、われわれは一般的な物質の概念を得る。そうはいうものの、あるものが空間のなかに存在することによって示す抵抗は、こうした方式でたしかに知られてはいてもだからといってけっして把握されたわけではない。なぜなら、抵抗はこれときまった一つの活動に対抗するすべての活動と同じく、真の力であり、しかもその力の方向は、相手の力が接近するためたどってきたコースとは、丁度逆方向になっているために、この力は、物質ならびにその個々の要素に付与された反発力に他ならないからである。

いまや、理性的な人はすべてこの点で人間の洞察がゆきづまりになることがすぐにわかるであろう。なぜなら経験を通じてのみ人々は、物質的と呼ばれている世界の事物がこうした力を備えていることを知覚するのであって、その可能性を把握することはけっしてできないからである。もしわたしが、結局は不可入性を生み出すあの原動力を備えた実体とは、別の力を備えつつ空間にみこしをすえることができる別種の実体を仮定したとしよう。もちろん、わたしは、わたしの経験上のもろもろの観念とは、類比することもできないこうした実体の活動を、具体的に考えることはできない。しかも、わたしがこうした実体はそれが活動する空間を満たすという性質はないとしている以上、他の場合にわたしの感覚に反応してくる事物を考えるとき用いる概念が使えなくなり、必然的に、思考不能の有様となる。しかしだからといってこれを認識されたけれども不可能な事柄とみなすことはできない。なぜなら、たしかにあるということが感覚に反応してくるにもかかわらず、その対象は、可能性からすれば、やはり感知されないままとなっているからである。

　そうしたことからしても、人々は非物質的存在の可能性を、たしかに理性的根拠に基づいて証明できるという期待はもてないものの、逆に反駁される心配なしに受け入れることができる。こうした霊的な存在は空間のなかにも現存しているが、物質的な存在があらわれると、常に可入性を示すことになる。なぜなら、こうした霊的存在があることとは、空間のなかの作用を言っているのであって、空間を満たすということ、すなわち堅固さに基づく抵抗を含んでいないからである。もしこうした単純な霊的実体が受け入れられれば、人々はその不可分性にいささかも抵触することなくそれが直接みこしをすえる場所は点ではなくして空間だということができよう。なぜなら、ここで類比推理の助けを借りることにすると、物体のなかにある単純な要素はそれぞれかならず全体の広がりのなかでしかるべき割合を、つまり、物体のなかの一空間を占めなければならないからである。また点はけっして空間の一部ではなく、空間の限界である。この空間を満たすことは活動する力（反発力）を通じて行なわれるため単に強大な力の大きさを示すだけであって、けっして活動主体の要素の多様性をあらわしているのではない。そうしたことからしても、空間を満たすことは、けっしてその主体の単純な性質とは矛盾しない。もっともこの空間を満たす可能性は、なんとしても原因と結果の最初の関係にそぐわない以上、これ以上はっきりさせることはできない。

それと同様に、わたしが霊的実体は、たとえ単純であっても空間を満たすことなく（すなわち物質的実体に抵抗を示すことなく）空間を占める（すなわち空間内で直接活動する）ことができると主張したとしても事柄自身はわからないままではあるけれども、少なくとも上述の件について証明できないということにはならない。それにこうした非物質的な実体は、広がりがあるとも物質の要素であるとも言われることもない。なぜなら、すべてのものから孤立し、おのれ自身だけで存在しつつ空間を占めるものが、広がりがあるといわれるからである。しかし物質の要素であるもろもろの実体は、外的な他の物への作用によってのみ空間を占めるようになる。しかしとくにこうした実体が他の事物とまったく結びつきがないと考えられるとき、さらに、これらの実体の内部で、外にいるものに遭遇する要素がないとき、これらの実体は何の空間をも含んでいない。

このことは、物質の個々の要素についてもあてはまる。さらにこのことは霊的存在についてもあてはまるであろう。広さの限界が形姿を決定する。したがって霊的存在の形姿などは考えられない。このことが世界全体のなかにあると思われている非物質的存在の可能性を洞察するのがいかに難しいかということの根拠になっている。この洞察に導かれる上でもっと楽な方法を知っている人達は、知識欲旺盛な者が学習するのをけっして拒むべきではない。他の者はひたすら歩きつづけるかさまよってゆけばすむ、平坦で、気楽な学問の小径だけを前方に見ているだけだ。これに対し、彼ら知識欲旺盛な連中は学問研究の進路がしばしばアルプス山脈のようにそびえたっている光景に直面しているのだ。

もし人間の魂が霊であるとするならばもっとも前述したことからもおわかりのよう

に（こんなことはこれまで、けっして証明されたことはない）、投げかけられる次の疑問は、この人間の魂が肉体のなかで占める場所はいったいどこか？　ということであろう。それに対するわたしの答えは次のとおりだ。「そのものが変化すれば、わたしも変化するというような肉体、これこそわたしの肉体である。そしてこの肉体がある場所が同時にわたしがいる場所である」。さらに「それでは、お前の（魂の）場所はこの肉体のどこなのだ？」と質問されたらば、わたしはこの質問のなかになかなか、ややこしい問題が含まれているのを察知するであろう。なぜならそこには、経験によって知られておらず、おそらく空想をたくましくした推理のなかにひそむ何物かが前提とされているからである。すなわち、わたしの思考する自我は、わたし自身には属しているが、肉体の他の部分の場所とは区別される場所にあるという推理である。

しかしなんぴとも、おのれの肉体のなかのこの特別な場所を直接意識することはない。直接意識されるのは、だれしも人間として、まわりの世界に関連して占めるおのれ自身の場所だけである。したがってわたしは通常の経験に基づき、仮に「わたしが感ずるところにわたしがいる」ということにしよう。するとわたしは頭のなかにも、はたまたはっきり言えば、指先のなかにもある。わたしは踵が痛んだり、心臓が感動のあまり、大きく鼓動したりする人間それ自身である。わたしのウオノメがわたしを苦しめるとき、わたしは痛いという印象を脳の神経においてではなく、足指の末端で感じる。いかなる経験も、わたしの感覚の一部を、わたしから遠く離れたところにおいたり、わたしの不可分の自我を、頭脳内部の顕微鏡でなければわからないくらい小さな場所にとじ込めておいたりはしない。なんとしてもこの自我が、わたしの肉体という機械のつり上げ装置を動かしている上に自らもこれによって動かされるようになっているのだ。

したがって、学校の教師たちが「わたしの魂はすべて体全体のなかにあるし、しかもすべて各部分のなかにもある」と言っていることがいかに、ばかげたことかを見出すためにわたしはきわめて、きびしい証明を求めることになろう。健康な悟性は、真理を証明し、解釈するための根拠をとらえるよりも早く、しばしば真理それ自身に気づいてしまう。この方式にのっとり、まるで子どもだましの絵に描かれているように魂は広がりをもっており、体全体に浸透しているようにわたしが考えているのだと言って人々が非難したとしても、わたしはけっして、うろたえたりしないであろう。

なぜならわたしはこの障害を次のように指摘することによって乗り越えてゆけるからである。すなわちひとつのまとまった空間内に直接あるということは、外的活動の領域を示すだけであって、けっして内的部分の多様性や広がり、形姿を証明していないのだ。こうしたものはそれだけで独立する存在のなかでそれぞれ外部にある部分が遭遇するところの空間があるときにのみ出現するというわけだ。最後にわたしはわたしの魂の特性についてわずかにこれだけのことしかわからないのか、それともこの私見さえ認められなかった場合はこんなわずかなことも知らないということで満足するかのいずれかである。

もしこうした思考が理解できないこと、あるいは大多数の人々にとってまったく同じことなのだが、ありえないことだときめつけられるならば、わたしとしては、仕方がないと思って放置しておくであろう。さらにそうなった場合には、わたしはそうきめつけた賢人の足もとに坐りこみ、彼らの長広舌を拝聴することにしよう。（彼らによれば）人間の魂のある場は頭脳である。そして記述できないほど小さいその場所こそ魂の所在地なのだ。*

*〔原注〕負傷したあげく頭脳の大部分が失われたものの、その人間の生命が助かり、思考能力も失われていないというケースがままある。わたしがここで紹介しようと思う通俗的な考え方によれば、頭脳の一原子がどこかへ持ち去られるか、居場所から動かされるために、一瞬間、その人間が仮死状態に入るということになる。魂の所在地を頭脳内に置こうという支配的な見解は主として人が物事をじっくり考えている

と、脳神経の緊張が痛感されることに起源があるように思われる。

しかしたとえこの推理が正しかったとしても、同時にそれは魂の他の所在地もいろいろあることを証明することになろう。心配のときや喜びあふるるときは、感情の所在地は心臓内にあるように思われる。また多くのいや大多数の激情はその主たる強さが横隔膜で表されている。同情は内臓を動かし、他の本能は、その起源や感受性を他の器官のなかに示している。熟考する魂がとくに頭脳内で感じとると信じられている原因は、次のような事情によるのであろう。すなわちすべての熟考は、呼び起こすべき理念のために記号の仲介を必要とする。それは記号の随伴、記号の援助によって必要な度合いの明瞭さを与えるためである。しかしわれわれのもろもろの表象の記号はとくに聴覚と視覚を通じてえられる記号である。何としても耳目は脳に近いところにあることからこの二つの感覚は脳のなかの印象によって動かされる。

もしデカルトが質料的観念（Ideas Materiales）と呼んでいるこの記号の発生が先に感覚をもたらした運動と類似の運動をもたらす神経の刺激によるのならば、熟考する頭脳の組織はとりわけ、以前に受けた印象と協調して振動させられ、これによって疲れ切ってしまうだろう。なぜならもし思考が同時に激情を伴うものであれば、人は単に頭脳の努力ばかりではなく、他のときは情熱的になった魂の表象と共鳴している刺激された部分の攻撃を同時に感じとるからである。

人間の魂はちょうどクモの巣の中心にいるクモと同じように感じる。脳神経は魂をつついたりゆさぶったりする。しかしそれによって脳神経は、この直接の印象ではなく、肉体のまったく離れた部分が受けた印象を脳の外側にある対象として表象されるようしくむことになる。おのれの所在地に鎮座しつつ魂は、人間という機械全体の綱やてこを動かし、好みのままに随意運動をひきおこす。こうしたいいまわしは、まったく浅薄か、あるいは、けっして証明されていないものである。そうはいっても、魂の性質などは根本的には何もわかっていないことからしても、このいいまわしに対する反論もさほど強力ではない。

わたしは、それぞれの対象をまったく理解していないのに、いずれおとらず大言壮語する二つの学派の論争に一枚加わろうとは思わない。わたしはただこの種の学説が、わたしを導いてゆく推論の行方をたどってゆくことにする。これこそすばらしいものだとわたしが聞かされたある言いまわしによれば、そもそも空間に位置する方式からいって、わたしの魂は、物質の個々の要素とまったく区別されることがない。それに、わたしの悟性の力は、実はこれら物質の個々の要素のなかの、すべてにひそんでいながらも、わたしが知覚できないだけの内面的な力だというわけだ。だが、こんなことを言ってみたところで、なぜわたしの魂が物質を構成する実体の一つではないのか、それに、魂という特別な現象が、神経の結合により思考と恣意の内的能力が引きおこされる場所、動物の肉体がそうであるように、魂が人工的な機械のなかに占める場所に由来しないかについての有益な根拠がけっして引き出されない。しかしそういうことからしても、魂が物質的な存在の粗雑な材料とはちがう固有の標識をはっきりと認識することはできない。さらに人間の魂となるべきもろもろの原子をわれわれはコーヒーと共にもしかすると飲みこんでいるかもしれないというライプニッツ〔ドイツの哲学者。一六四六―一七一六・訳注〕の冗談めいた発想も、けっして笑いとばすべきではないかもしれない。

しかしこの場合この思考する自我は物質的存在に共通する運命には従っていないのか？　さらに思考する自我はすべての要素の渾沌からいかにして偶然にも引き出され、動物的な機械を活性化したのか？　なぜこの偶然の結びつきが失われたあとも思考する自我は将来いつか元の渾沌状態に再び戻っていかないのか？　これまでも邪道に入っている思想家がいわば夢心地で引きずってきた根本原則に対し人々の喚起をうながすために、もろもろの結果を示して驚かせる必要がある。

わたしとしては、この世に非物質的存在があると主張し、わたしの魂もこうした存在のクラスに入れておきたいという気持になっている。*

*〔原注〕　わたし自身にとってもきわめて漠然としているし、おそらく今後ともその有様であるはずのこのことについての根拠が、同時に動物のなかでもとくに感受性ある動物についてもあてはまる。この世の中で生命原則を含むものは、非物質的存在であるように思われる。なぜならすべての生物は、おのれ自身を随意に決定しうる内面的能力に依存している。これに反し、物質の本質的特徴は、外的反作用に限られて

いる必要な力によって空間を占めることにある。したがって物質的なるもののすべての状態は、外的に拘束され、抑制されている。しかし自ら活動し、内面的な力から効果的に生命の根拠を得ているもの、一言で言えば、おのれの恣意がおのれ自身を規定し、変化させる能力のあるものは、とうてい物質的存在とは言いがたい。多くの場合ただ仮定的に認められているだけのよくわかっていない存在を、さまざまな課目に分類することは、理性的には、望むべくもないが、少なくとも、動物的生命の基礎を含んでいる非物質的存在は、自立していて理性を用いる霊と名づけられている存在からは区別される。

しかしそうはいっても霊と肉体の結合は、なんと不思議なことではあるまいか？しかし同時にこうしたわけのわからない有様はなんと自然なことではなかろうか？なぜなら外的な行動についてのわれわれの概念は、物質から取られたものであり、常に霊界では生じていない圧力あるいは斥力《せきりょく》の条件に結びつけられているからである。そもそもいかにして非物質的実体は運動してゆくうちに霊に遭遇するために物質の行く手をさえぎるのか、いかにして物質的事物が、それに対抗して不可入性を示さない異質の存在に作用を及ぼすことができるのか、あるいは、いかにして、物質的事物が、こうした異質の存在があるのと同じ空間に同時に共存することが妨げられないのか？　霊的存在は、それが結びついている物質とは、きわめて密接に共存しており、物質をたがいに結びつけている要素の力にではなく、物質の状態の内的な原理に対し作用するように思われる。なぜなら、たとえ単純な物質の要素であろうとあらゆる実体はそうしたものがどこにひそんでいるか示すことはできないけれども、外的活動の根拠としてのなんらかの内的活動をもっているに違いないからである。*

*〔原注〕 ライプニッツはすべてこのような外的関係とその変化の内的な根拠は表象力だと言った。そして後の哲学者たちはこの十分には仕上げられていない思想を嘲笑した。しかしもし彼らが前もって、そもそも、物質の一部をなすような物体が、あらゆる内的な状態なくして可能なのかどうかを熟考したとすれば、それはけっして軽はずみな行為をしたことにならないであろう。そしてもし彼らがこうしたものを認めたとすれば、彼らは表象とそれに拘束される行動以外に可能な内的状態を考え出さねばならなかったはずだ。だれにもすぐにわかることだが、たとえ物質の要素の一部に漠然とした表象能力が備わっているとされても、けっしてそのことから物質そのものの表象能力は出現しないであろう。なぜなら、この種の多くの実体は、一つの全体のかたまりにまとめあげることはできても、けっして思考力として統一体を形成することはできないからである。

他方このような根本原則によれば、魂はこの結果としての内的な規定のなかでその原因である宇宙の状態を、直観しつつ認識することになろう。しかし、いかなる必然性によって精神と肉体が協力して統一体をつくり出すようになったか、そして、いかなる根拠により、ある種の破壊により、この統一体が再び崩壊するようになるのか、これらの疑問は他のさまざまな疑問と共にわたしの洞察力ではとうてい手におえない。それにその他の点でも、わたしは自然の秘密にあえておのれの知性をひっさげて挑んでゆく気持はない。そうはいうものの、わたしとしては、いかにおどろおどろしい様子をした論敵をもけっして恐れないくらいの自信はもっている（それにわたしはその他の点でも論争好きなところがある）。そこでわたしはこの場合でも、論敵に対し、十分対抗できる論拠をひっさげ、もともと学者の間では相手の無知をさらけ出す巧妙さに他ならない反駁を行なうつもりだ。

第二章　霊界との連帯を開くための隠秘哲学の断片

奥義に通じた達人は粗雑な、外的感覚に捕われていた悟性をすでにより高度で、かつ超然とした概念に習熟させてきた。そのため達人は、肉体のきずなをはなれた霊的なもろもろの形態を、ちょうど形而上学の弱い光が影の国を見せてくれる程度の暗闇のなかで観察することができる。そこでわれわれはこれまでやっと乗り越えてきたやっかいきわまる準備作業のあと、いよいよ危険な道にあえて、踏みこむことにしようではないか。

> 彼らは淋しい夜、まるで影のように、荒涼とした冥王プルートの家と、うつろな王国を通って、ひっそりと歩いてゆく。
>
> ウェルギリウス『アエネーイス』VI 268

世界の空間を満たす死んだ物質は、本来の性質に基づき、慣性と、持続性に従っており、単調な状態に置かれている。これらは、堅固さ、広がり、形体を備えている。これらのすべての基礎に基づくこうした物質のもろもろの現象には、同時に数学的物理学的に総合して、機械的と名づけられるような説明が認められている。他方、世界全体のなかで生命の基礎を保持し、そうしたことからしても、生命のない物質のかたまり、広がりの要素として増殖したりすることなく、接触や衝突の法則に従わず、むしろ内的活動を通じて、おのれ自身と、さらにそれ以上に自然の死せる材料を活性化するような、存在に注意を向けるならば、たしかに証明によってはっきりさせることはできないまでも、少なくとも、練習をつんだ悟性の予感の働きに基づいて、非物質的な存在があることが納得できるであろう。

こうした非物質的な存在が生み出す特別な作用の法則は霊的と名づけられ、また物質界において、こうした作用の中間原因となる肉体的な存在は有機的と名づけられよう。こうした非物質的存在は自立独行の原則を備え、したがって実体であり、おのれ自身で存在しているという性質をもっている以上、まず到達しうる結果はこれらの非物質的存在はたがいに直接結合し、もしかすると、非物質的世界、叡知界（mundus intelligibilis）と名づけられるような巨大な全体をつくりあげるかもしれないということである。ところで、たがいに似かよった性質をもつこの種の存在が、もともと非物質的存在よりもっと不思議な所がある（物質的事物）という異質的な状態にある存在の仲介によって共同体をつくるということを、どの程度たしかな根拠をもって主張できるだろうか？

これらの非物質的世界はしたがって、それ自身で存在している全体であり、各部分は、物質などの仲介がまったくなくともいずれも相互に結びつき、共同体をなしているとみなすことができる。したがって物質が加わる関係は偶然で、ただいくらか関与することができるといった程度にすぎない。いやそればかりではない、たとえそのような有様になった場合でも、物質の仲介によってたがいに作用しあう非物質的存在は、物質の仲介以外にも、特別にいたるところで結合している関係にあるし、いつでも非物質的存在として交互に影響し合っているために、物質を仲介とする方式は、単に偶然であり、特別な神の配慮によっている反面、非物質的存在同士の直接交流は、自然であり不滅である。

こうした方式で全自然における生命原理はたがいに共同体をつくっている多くの非物質的実体であるけれども、部分的には物質と結合しているというようにまとめて表現したとすると、これによって非物質的世界の壮大な全体というものが考えられてくる。これは無限にして不可知のもろもろの存在と活動する自然の段階的連続であるが、これらを通じてのみ死んだ物質的材料が活性化される。

しかしいったい自然のどの部分にまで生命がゆきわたっているか、それに、まず完全な非生命につらなっているのはこうした自然の部分のどこかといったことはおそらく、これまでけっしてはっきりと認められることはなかったであろう。物活論はすべてを生きものであるとし、これに反し唯物論は熟考した末すべてを死せるものとしてしまう。モーペルテュイ〔一六九八―一七五九、フランスの物理学者、数学者。地球の扁平化についてのニュートンの仮説の正しさをラップランドの子午線の測定によって裏づけた・訳注〕はすべての生物の有機的な栄養摂取の部分に、最低の生命があるとした。他の哲学者はこうした部分に、動物という機械装置を拡充するために用いられる死んだかたまり以外の何物をも見なかった。われわれの外的感覚にはっきりとわかる疑いを入れない生命の標識は何か、それは随意に行なわれることが一目瞭然としている自由な運動であろう。そうはいうもののこうした標識が見受けられないところでは、生命の痕跡もないとする推理はたしかではない。ブールハーフェ〔一六六八—一七三八、オランダの医師、化学者・訳注〕は、ある個所で、動物とは、おのれの根を胃のなかに（すなわち内側に）もつ植物であると言っている。おそらく他の人でも何ら非難されることなくこの概念を弄《もてあそ》び、植物とはその胃を根のなかに（すなわち外側に）もつ動物であると言うことができよう。

そうしたことからしても、植物には随意運動を起こす器官と共に、動物には不可欠の生命の外的標識が欠けているかもしれない。なぜなら栄養摂取のための器官をおのれの内側にもっている生物は、望みどおりの運動ができるにちがいないが、そうした器官をおのれの外側にもち、おのれの生命を保ってくれる外部の要素のなかに埋めこんでいる生物は、はっきりと外的なもろもろの力によって維持されている。そしてたとえ内的生命という原理を増殖という形でもっているにしても、外的な随意運動を起こすためにけっして有機的な組織を必要としないからである。

わたしはこれらすべてについて証明の根拠を求めない。なぜなら、わたしがこうした憶測の利益になるようなことをあまり言えないこともさることながら、こうした言いまわしは、ほこりをかぶった古い妄想として、いまをときめく人々から嘲笑されるからである。古代人は植物的、動物的、それに理性的という生命の三つの種類を信じていた。彼らがこれらの三つの非物質的原則を人間のなかで結合されているとしたならば、それはおそらくまちがっていたであろう。しかしもし彼らがそうした原則を、成長しつつ、しかも、おのれと同じものを生み出してゆくという、三種の生物にわりあてたとすれば彼らはたしかに証明できないながらけっして支離滅裂なことを言っていたわけではない。とりわけ分離された生命、ある種の動物から分離された器官、刺激性、たしかに証明はされたが、いま一つはっきりしない動物の肉体の繊維、それにある種の植物のもつ特性、最後にクラゲや他の植物のような有様の動物が植物と親近関係にあることなどに特に関心を寄せる人々の判断はけっしていい加減なものではない。

とはいえ、非物質的原則に準拠することは、怠け者の哲学への逃避である。そこでこうした趣味にのっとった説明方式は、単なる物質の運動法則に従えば、完全に理解できるはずの世界の諸現象の根拠を全体的に把握するためにも、できる限り避けなければならない。それにもかかわらず動物のもろもろの変化を好んで有機的に説明したシュタールの方が、非物質的な諸力を事物の関連から消去し、ひたすら機械的根拠に固執する者、しばしば失敗するが、たまにはあてはまる程度の哲学的方法を用い、さらに、非物質的素質をもつ存在の影響については、たかだか、それがあるということを認めるだけで、いったいどのように進行しているか、その作用はどのくらい広がっているかなど皆目わかろうとしない者、こうした実用本位の学問にのみ従っている者たとえばホフマン、ブールハーフェといった連中よりも真理に近づいているとわたしは確信している。

そこで非物質界はまずすべてを創造する叡知である。そのいくつかは物質と結ばれて一個の人格をつくるが、他のものは、おのれ自身のなかに孤立している。ついですべての種類の動物のなかにおける感覚主体であり、最後にたしかに随意運動の外的な表現であることを示さないが、自然のなかにある他の生命のすべての原理である。思うにこれらすべての非物質的存在は、それが物質界に影響を及ぼしていようといまいといずれも理性的存在であり、この地球上であろうと、他の天体の上であろうと、それが偶然にとった形姿は動物的である。それにこうした理性的存在は、物質の粗雑な材料を現在あるいは、将来活性化しようと、はたまた過去において活性化していたのであろうとにお構いなく上述の概念に従えば、その本性からして、物体同士の関係では拘束されているもろもろの制限に左右されない、そして可視の世界では巨大な断絶があるため、とうてい関連づけられない場所や時代のへだたりすら消滅させるような共同体のなかに生きている。

したがって人間の魂は、すでに現世においても此岸、彼岸の二つの世界を同時に結合したものとみなさなければなるまい。人間の魂は肉体と個人的に結びついている限りでは、物質界だけをはっきりと感じている。これに反し、霊界の一員としては人間の魂は霊的存在のもろもろの純粋な影響を感じとり、逆にこちらからも霊界に影響を与えることになる。したがって、此岸、彼岸の結合がなくなったとたん、人間の魂が常に霊的存在と共存していた共同体だけが残り、おのれの意識をはっきりした直観を得るために開かねばならなくなるのだ。*

*〔原注〕 亡くなった人の赴く場所としての天国について語るとき、普通、そこは頭上はるかかなたの無限の宇宙空間のなかにあると考えられている。しかしそこから見たら、われわれの地球も、天の星の一つとして出現し、別世界の住人がたしかな根拠に基づいて、われわれの地球を指さし、見てごらん、あそこに、いつかわれわれを迎え入れてくれるはずの永遠の喜びの宿、天国があるのだと言っているかもしれないことが考慮されていない。望ましい高空への飛行が常に上昇の概念と結びついているのはおかしな妄想である。

その際、別の世界にしっかり着陸するために、高く昇れば昇るほど、再び低く下降しなければならないことが考慮されていない。ここに紹介した考え方によれば、天国はもともと霊界であるか、あるいはいうなれば、霊界内の至幸の部分である。そしてここを人々はおのれの頭上にも、はたまたおのれの足下にも求めることはできない。なぜなら、こうした非物質的な全体は物質的な事物に対する遠近ではなく、非物質界の各部分相互の霊的な結びつきにしたがって考えられねばならないからである。少なくとも、非物質界の構成員はこのような関係にしたがってのみ、おのれ自身を意識することになろう。

わたしにとっては常に理性の慎重な言葉を用いるのが、はなはだやっかいになってきた。遅かれ早かれ不愉快きわまる渋滞に著者も読者も追いこんでしまうにちがいない思考の歩みから解放してくれるはずのずっと断定的に行われる大学の講義流で語るのが、わたしにはどうして許されないのであろうか？ 人間の魂は、この世に生きているときでも、霊界のすべての非物質的存在と解きがたく結ばれた共同体のなかにあること、さらに、人間の魂は、交互に霊界内に作用し、霊界からも印象を受けているのだが、すべてが調子よくいっているときは、魂は人間としては意識されていないということは、大学の講義流に言えば、すでに証明されたのも同然か、あるいは、もっとつまびらかに研究すれば容易に証明されることとされるだろう。いっそう巧みに表現すれば、どこで、いつということは、わたしにもわからないけれども、きっと将来、証明されることになるであろう。

他方霊的な存在は物質的部分が一個の人格に結びついていないがために、物質的部分を通じて物質界全体におけるおのれの位置や、人工的な器官を通じて、広がりのある存在がおのれに対してもつ関係を意識することがない。したがって、霊的な存在が直接、物質界を感覚的に受け入れることを意識的にできないことはどうやらたしかだ。そうはいうものの霊的存在が人間の魂のなかに単一の性質の存在として流入できることや、実際にいつでも人間の魂と共に相互交流の共同体をなしていることも確からしい。ところが魂は物質界に拘束された存在であるがためにおのれのなかにとり入れた表象を他の霊的存在に伝えることはできない。また非物質的事物の直観的表象として霊的存在がもつ観念は、少なくとも普通の人間のはっきりした意識内に入ることはできない。それというのもこの二種の理念のもとの材料がちがっているからだ。

もしこうした具合に表象される霊界の組織的な様子がとことんまで仮説に基づく霊的存在一般の概念からではなく、何か現実的な、一般的に認められている考察に基づいて推理できたら、さらにこれはたしかだというように憶測できれば、どんなにすばらしいことであろう。

そこでたしかにわたしの進路からは多少それるし、それに確証があるわけではないけれども、けっして不愉快ではないようなもろもろの憶測をたくましくさせてくれる試みを読者の皆さんの許しを得て、あえてここに紹介することにしよう。

＊　＊　＊

人間の心を動かすもろもろの力のなかでもっとも強い力のいくつかは、人間の心の外部にあるように思われる。これらの力は、単におのれの利益や個人的な要求のための手段や人間の内部にある目標にかかわっているのではない。われわれの心の動きの傾向は、全体の焦点をわれわれの外側にいる理性的存在のなかに置こうとするのだ。これによって二種の力の間の争いが生ずる。すなわち、すべてをおのれに引き寄せようとする利己的な力と、おのれの外にある他者に心が動かされ引かれてゆく公益一点張りの力との争いである。ここでわたしは、次のような衝動については問わないことにする。すなわちこの衝動に駆られると、われわれは普通他人がどう判断するかにしきりにこだわり、他人が同意したり、賛成したりしてくれることが、われわれ自身がおのれに対して下す判断をより完全なものにする上で、どうしても必要であるように思われてくる。これによってたしかにしばしば、誤解に基づく尊敬すべき迷妄というようなものが生じてくる。しかし、もっとも非利己的でもっとも公明正大な心情の持ち主でも、おのれ自身が、善だ真だとみなしたものを他人と一致させるべく他人の判断を十分比較検討してみなくてはなるまいとするひそかな心の動きを感ずるものだ。これはちょうど、あらゆる人間の魂が認識を求める道すがら、われわれが本来歩んでゆくべき道と別の小径を歩いているように思われたとき、ふと足を止めるのとよく似ている。おそらくこうしたすべてが起こるのはわれわれ自身の判断が一般的な人間の悟性に拘束されていると痛感されるからであり、このことが思考する存在の全体に一種の理性の統一を与えてくれる手段となっているからである。

しかしわたしはこの重要でなくはない考察を素通りし、いまは、われわれの意図に関する限りではずっとわかりやすく、しかも大がかりな他の考察に取り組むつもりだ。われわれが外的な事物に、われわれの要求に従って関与する場合、われわれの内部にはいわば異質な意志が活動している。そして、われわれ自身の意向も外的な規定のもろもろの条件を必要としていることに留意させるある種の感覚によって束縛され、制限されている。こうしたことを感じることなしに、われわれは、行動に踏み切ることはできない。

不思議な力はたしかにしばしばいやなものであり、われわれの利己的な傾向とはげしく対立するのだが、同時に他人の福祉を願い他人の意志のいいなりになるようにわれわれの意図を強制する。そしてわれわれのもろもろの方向に進む衝動の線が合流する点は、単にわれわれの内部にのみあるのではない。われわれの外にいる他人の意志のなかにあって、われわれを動かしてゆく力がある。そのことから、利己心にさからって、われわれを駆り立てる道徳的な推進力が発生する。そのうちより強い法則が義務の法則、より弱い法則が善意の法則である。そのいずれもがわれわれに多くの犠牲を要求する。時にはこの両者は、利己的な傾向によって圧倒されることはあっても、これらが現にあることを示す心の動きは人間の性質のなかでけっしてなくなったりしない。これを通じてわれわれは、もっとも深奥な動機のなかで、一般意志の法則に拘束されていることがわかる。そしてこれを源泉として、すべての思考する存在のなかに道徳的統一と、ひたすら霊的な法則に従う組織的な状態が生まれる。このようにわれわれの意志を一般意志と一致させるようわれわれのなかに感じられた強制を道徳的な感情と名づけようとするならば、これについては、われわれはおのれのなかに現に起こっている現象を、その原因をつまびらかにすることなしに語っているにすぎない。ところで、ニュートン〔イギリスの物理学者。一六四二―一七二七・訳注〕は、たがいに近よろうとするすべての物質の力に関する確実な法則を重力の法則と名づけた。だが彼はおのれの数学的証明を重力の原因をめぐって起こるかもしれない哲学的論争に妙な具合に関与させたくなかった。それにもかかわらず、彼は重力を物質的相互の一般的活動の真の結果として取扱うことをためらわず、したがってこれに引力という名を与えた。

ところで思考する存在のなかの道徳的衝動という現象は、霊的存在をたがいに交流させあう真に活動的な力の結果と考えることはできないであろうか？　そうなると道徳的感情とは個人の意志が一般意志にまさにその通りだと感じられるように拘束されていることであり、非物質的世界に道徳的統一を獲得させる上で必要な自然にしてかつ一般的な相互作用の所産ということになるだろう。なお、その際、非物質的世界は、こうしたおのれ自身の結合の法則に従って霊の完全性の組織をつくりあげることになるだろうか？　もしこの思想にその生み出す結果に苦労してでも推量する価値があるほどの確実さが認められるのであればおそらくその魅力に引きずられ、知らず知らずのうちに、この思想に対し、いくらか愛着が示されるようになるだろう。

なぜならその場合は、この地上における人間の道徳的関係と物理的関係の矛盾に際して、きわめて異様に思われるのを常とする不規則性の大部分が消滅してしまうように思われるからである。もろもろの行為の道徳性は、自然の秩序に従えば、人間の肉体的生活のなかではけっして十分に作用することはないが、霊的な法則に従う霊界においてはけっしてそんなことはない。本物の意図、いくら努力してもなんの成果もあがらない無力感から生ずるひそかな動機、克己、それに一見立派な行為の背後にしばしばひそんでいる策略などの大部分は物質的な状態においては物理的成果がひとたびあがればたちまち消滅してしまう。ところがこうした種類の心の有様は、非物質界では、実り多い根拠であるとみなされねばならないであろう。そしてこれらは、霊の法則に従い個人の意志と一般意志との合体、すなわち、霊界の統一と全体に基づくかぎり、自由で随意な道徳的状態に適した作用を行なうか、あるいは相互に、作用を受けあうことになろう。なんとしても行為の道徳性は霊の内的状態に関連している以上、当然のことながら、霊の直接的共同体の内部で、すべての徳性に即した作用を、外部にくりひろげるであろう。それによって、人間の魂はすでにこの世に生きているあいだにも、道徳的状態に従い、おのれの場所を宇宙の霊的なもろもろの実体のなかに占めねばならないということが起こってくる。それはちょうど、運動の法則に従い、宇宙空間の物質が、それぞれの物質的な力に即した秩序のなかにたがいに位置を占めるようになるのと同じようなことである。*

*〔原注〕 道徳性の根拠から生じる人間と霊界の相互交流を、霊的影響の法則に従い、次のようにみなすことができるだろう。まずそこから当然のことながら善または悪の魂と、善または悪の霊とのいっそう親密な共同体が生まれるであろう。そしてこれにより、善または悪の魂は、それらの道徳的状態に適しつつ、

自然の秩序に従って生ずるすべての結果に関与する形で、霊の共和国の一員となるだろう。

ついに死によって魂と物質界との共同体が消滅したあかつきには、あの世における生命は、魂がすでにこの世に生きているときもっていた結びつきの自然な継続となるであろう。さらにこの世で行なわれた道徳性のすべての結果は、あの世においても、霊界全体と不可分の共存関係にある存在が、すでに以前に霊の法則に従って行なってきた作用のなかに再び見出されるであろう。

こういうわけで、現在と未来はいわば同じものであり、自然の秩序に基づき、ずっと続いてゆく全体をなしている。この最後の状態はとくに重要である。なぜなら理性の単なる根拠に基づく憶測に従った場合はこの世における道徳性とその結果の間の不完全な調和から生ずる弊害を一掃するために、特別な神的な意志という逃げ場をつくるのは難しいからである。

おそらくこの判断も、神の叡智についてのわれわれの概念から下されるのであろうが、われわれの悟性がつくり出す弱い概念はおそらく最高存在にはきわめて歪んだ形でしか適用できないのではないかという疑念が強く残るのを常とする。そもそも人間は神の意志を推量するにあたっても、おのれが現にこの世の中で知覚した有様あるいは、類比推理の法則に従い、自然の秩序に即しながらもその存在が予測できるような整然とした事物の有様からなされるべきである。人間は、神の意志をおのれのこざかしさがつくりあげたものによっておしはかってはならない。そんなことをすれば人間は同時に新しい勝手気ままな設計を現世でも来世でも行なうことのできる処方を神の意志におしつけることになる。

＊　＊　＊

われわれは今や再びこれまでの道程に考察を戻し、これぞときめた目標に近づいてゆくことにしよう。もし霊界と、われわれの魂の霊界への関与が、これまでおおよそ見てきたとおりであったとするならば、霊の共同体が、けっして一般的で、普通な事柄ではないということほど異様に思われることはほとんどないであろう。それに異常なのはその現象がありうるということより、その現象がめったにないことである。これにまつわる困難はその間かなり除去され、部分的にはすでに解消している。人間の魂が一個の霊として非物質的直観を通しおのれ自身についてもつ表象は、似たような性質をもつ他者の関係においてみた場合、その人間の意識が、一個の人間として、肉体器官の印象に基づき、他ならぬ物質的な事物との関係において脳裏に描く像を通じて得られる表象とはまったくちがっているからである。そういうわけで可視の世界と同時に不可視の世界にもメンバーとして属しているのはたしかに同一の主体であるが、けっして同じ人間ではない。

なぜなら、一つの世界（この世）についての表象は、そもそも状態が異なっていることからして、けっして、他の世界（あの世）の状態に伴ってくる観念ではない。そこで、わたしが霊として考えていることは、普通の人間としてのわたしによって想起されることではない。また逆に、人間としてのわたしの状態は、霊としてのわたし自身の表象のなかにけっして入ってこない。それにたとえ霊界についての表象が、まのあたりに見えるようにはっきりしていたとしても、このことはわたしに人間として霊界を意識させるのには不十分である。* それはちょうど、霊としてのおのれ自身（つまり魂）についての表象は推理によって得られるものの、いかなる人間にとっても、まのあたりに見えるようにはっきりした経験概念ではないのと同じである。

*〔原注〕　この世において魂自身にかかわってくる人間のもつ二つの面ということによってこのことが説明できる。ある種の哲学者は自らまったく疑念にわずらわされることなく、曖昧な表象が現実にあることを証明しようとするときは、深い眠りの状態をよりどころにしている。ところが、これでは、われわれは覚醒時には、深い眠りにおちていたときに体験したことを一切想起することができないということしか明言

できない。それにこの際わかるのは、こうした熟睡中の体験が、めざめたときはっきり表象できないということだけであって、熟睡中にもぼんやりしていたかどうかは定かではない。むしろわたしは、こうした睡眠中の表象は、めざめているときのもっともはっきりした表象よりも、ずっと明瞭だし、しかも大がかりなものであろうと推測している。

なぜなら、外的感覚がまったく平穏の際に、魂というきわめて活動的な存在からはこのことが期待されるからである。もっともこうしたときには人体がともに感覚されることがないため、覚醒したときには、同一人物に属する思考の以前の状態を、意識にのぼらせることができるようなその思考に伴う観念が、まったく欠けているのだ。たしかに目がさめてしまったときにはなにも憶えていないけれども、夢遊状態では、しばしば普段よりずっと多くの理解力を示すいくたりかの夢遊病者の行動は、わたしが熟睡時に想定する可能性をたしかめてくれる。

これに反し、眠っていた人がめざめても憶えている睡眠時の表象である夢はこの分野に属してはいない。なぜなら、そうしたときには人は熟睡していないからである。その人はある程度はっきりした感覚をもち、おのれの思考の歩みを、外的感覚のもろもろの印象のなかに織りこむのである。したがってその人は、のちになって夢の一部を思い起こすうちに、とてつもなく粗野で、下品な幻想にめぐりあう。それはきわめて当然のことであるにちがいない。こうした幻想のなかに空想の観念と外的感覚の観念がごちゃごちゃにまじっているからだ。

このように霊の表象と人間の肉体的生命に属する表象とが異なった種類のものだということは、時には霊界の側からの影響がこの世の中でも意識される可能性をまったくなくするほどの大きな障害とはならない。なぜなら霊界の側からの影響は、たしかに、人間の個人的意識のなかに直接入ってこないにしても、共同化された概念の法則に従い、霊界のそれと類似している形象や、たしかに霊の概念そのものではないにしてもその象徴である類似の表象をわれわれの感覚によびおこさせるという具合に出現するからである。

それに、この世にもあの世にもメンバーとして属しているのは常に同一の実体であり、二つの種類の表象は、実は同一主体に属し、たがいに結び合わさっているからである。われわれが、明瞭さを獲得するために、霊の概念にかなり近いわれわれの高度の理性概念に普通いわば物質的な衣装を着せる有様をじっくり観察するならば、これについての可能性がわかりやすくなるであろう。

したがって、神の道徳的性質が、怒り、嫉妬、慈悲、報復といった観念で表象されることになる。そういうことからして詩人たちは美徳、悪習、その他もろもろの自然の特徴を人格化し、悟性の真の理念をはっきりさせようとしている。さらに空間と、時間は、ただもろもろの関係のなかでのみ一致する。すなわち、類推によってのみ一致し質的にはけっしてかみあわないのにもかかわらず、幾何学者は時間を一本の線によって表示している。したがって哲学者にあってさえ神の永遠性の観念はたとえ両者の混同をいかに防ごうとしても、無限の時間という様相を示している。それに数学者たちが共通してライプニッツのモナドを認めまいとする大きな原因はおそらく彼らがおのれ自身をあの小さなかたまりになぞらえて表象せざるをえなくなるからであろう。

　そうしたことからしても、霊的感覚がそれに親近性のある空想をかきたてるとき、意識のなかに入りこむかもしれない。これはまったくありそうなことだ。この方式によって霊の影響によって伝えられた理念は、人間が普段用いている言語という記号のなかに表現され、実感された霊の現存は人間の形姿のなかで、また非物質界の秩序と美はわれわれの感覚を普段の生活のなかでも満足させてくれる空想のなかで表される。

　これらの種類の幻影は、けっして何か下品で通俗的なものでなく、その器官*が異常に刺激を受けやすい人にかぎって生じるものである。彼らにあっては空想の織りなすもろもろの像が、魂の内面的状態に即し、調和的な運動により健康人の場合生起する、あるいは生起すべき一般的な場合よりも、はるかに強力にくりひろげられることになる。

＊〔原注〕　わたしはこの器官は外的感覚の器官ではなく、魂の意識といわれているものであると理解してい

る。これは脳の一部なのだが、その運動によって、哲学者が用心しているように、思考する魂にさまざまなイメージや表象を随伴させるのを常とする。

このように奇妙な人々は、ある瞬間、彼らの外部にある多くの対象の外観によってまどわされることがある。彼らは実際には空想がつくりあげるまやかしの像であるにもかかわらず、これこそ霊的存在の出現だと考えるのであろう。それはともかく、こうしたことが起こる原因は、直接感覚することはできず、ただあたかも感覚であるかのような形をとる空想が織りなす類似のイメージを通じてのみ意識されることになる。

若い人の教育のために用いられる概念やその他まぎれこんできた各種の迷妄がその際役割を演じ、まやかしが真実と混同され、たしかに霊的な感覚は根底にあるにしても物質的事物の影のような幻像に置きかえられてしまう。しかしこの方式の特性はこの世における霊界の印象をはっきりまのあたりに見えるようにする上ではまったく役に立ちそうもないことを認めねばなるまい。なぜなら、その際霊の感覚があまりにも想像上の幻影と混合されてしまうために、そのなかで真実を、まわりを取り巻く粗雑なまやかしから正確に区別できなくなるにちがいないからだ。

同様にこのような状態は、本格的な病気の様子を示すようになる。それというのもこの状態は単に霊しか感じない魂の作用によって不自然な運動が起こされ神経内部の平衡が失われることを前提としているからである。

最後に視霊者は少なくとも、彼のもつこれらの幻影にともなう各種のイメージの点からすれば、同時に夢想家に他ならない。といっても、とり立てて驚くにはあたらない。それというのも、その性格からして異様であり、人間の身体の状態とはどうしても相容れないようなもろもろの表象が突然出現し、外的感覚のなかに、まったくしっくりしないもろもろの光景を展開させるからである。これによって奇妙きてれつな幻像がつくり出される。そしてこれらの幻像は、それが、もともとは本物の霊の影響を受けたものであるにもかかわらず、あざむかれた感覚の前を、これみよがしに濶歩する有様になるのだ。

さらに哲学者たちがしばしばめぐりあう幽霊物語や、あちこちでさかんに話題になっているありとあらゆる幽霊の仕業について便宜的に理性的根拠を示したとしてもとり立てて奇妙なことではあるまい。死人の魂や、本物の幽霊はたしかにわれわれの外的感覚にとっては存在しないし、物質と共存することもないけれども、それらと大がかりな共同体をつくっている人間の霊に対して作用するために、これらのものが人間の霊のなかによびおこすもろもろの表象は、各人の空想のあやなす法則に従って、なじみ深い光景となり、それに即したもろもろの対象が、本人の外部にあるような様子を示すようになるのであろう。

こうした錯覚はあらゆる感覚を襲うことになる。そうした錯覚がさらにおよそバランスがとれていない幻想と混同されるようなことになったとしても、こうしたものの背後に実は霊の影響があるのだとの推測が妨げられることはない。もしわたしが、こうした説明方式をいろいろ運用しつづけるなら、賢明な読者の感情を傷つけることになろう。形而上学的なさまざまの仮説は、異常なほど柔軟性がある。そこで、多くの場合不可能であり、また他の場合はなはだ礼を失することになるはずの真相究明がなされる以前に、現在の仮説を、ありとあらゆる幽霊物語に適用できないとするならば、その人ははなはだしく不器用であるに違いないからだ。

その間に、単に可視の世界ばかりでなく、不可視の世界にもある程度通じている人間に生ずる利益、不利益をたがいにはかりにかけてみると（もし、そうした人間がいたらという話だが）この種の素質の利益不利益は五分五分であるように思われる。ちょうど、女神ヘラが、テイレシアス〔ギリシア神話に出てくるテーベの予言者・訳注〕に予言の才能という名誉を与えるために、前もって彼を盲目にしてしまったのと同じである。なぜなら、前述のもろもろの事柄から判断すると、あの世に関するきわめてはっきりした知識は、現世において必要な悟性の分別をいくらか失うことによってのみ獲得できるからである。いとも熱心かつ深刻にあのはるかかなたの国土に形而上学的な遠眼鏡を向け、そこにある奇妙不可思議な事物について物語ることのできるある種の哲人たちすらこうしたきびしい条件から免れているかどうかわからない。そうはいってもわたしは彼らのもろもろの発見のいずれにもいちゃもんをつける気などさらさらない。ただわたしはこうした哲人に対して、分別はあっても、いささか粗暴な者が、ティコ・ブラーエ〔デンマークの天文学者、一五四六―一六〇一・訳注〕が「夜は星への最短距離の道を歩むことができる」と言ったとき、「ご主人さま、あなたは天上のことについてはよくご存知のようですけど、この地上ではあなたは馬鹿ですよ」と御者が答えたのと同じような失礼な発言をするのを恐れている。

第三章　反カバラ。霊界との共同体をとりこわそうとする通俗哲学の断片

〔カバラとはヘブライ語の伝承のことで、一三世紀ころ西ヨーロッパで発生したユダヤ神秘主義・訳注〕

アリストテレスはどこかで、「われわれはめざめているときは共通の世界をもっているが、夢みているときは、各人それぞれ独自の世界をもっている」と言った。思うにこの文章の後半を逆にして、さまざまな人のなかで各人がそれぞれ独自の世界をもっているとき、彼らは夢みているのだと推量できると言ってもよいだろう。この土台を踏まえ、おのれの思想を後生大事に抱えて他者を一切排撃し、悠然として暮らしている人々、ヴォルフ〔ライプニッツ哲学を体系化した啓蒙哲学者、一六七九―一七五四・訳注〕以来、経験にはあまり頼らず、しのびこんできたもろもろの概念によって事物の秩序をつくりあげようとする人々、あるいはクルジウス〔同時代の独断的哲学者・訳注〕以来、魔力を用い、思考できる、および思考できない箴言を無からつくり出した人々など、さまざまの思想世界のいわば空中楼閣建築師たちを観察するなら

ば、われわれはこれらの紳士諸君が夢を見おわるまで、彼らの幻視のもつ矛盾をがまんすることにしよう。

ところで彼らが、神のおぼしめしのままに完全にめざめれば、すなわち、他の人の悟性との一致を排除しないようなまなざしをして目を開くならば、彼らのうちのなんぴとも、他の万人が、等しく、証明の規定に照らしあわせて、はっきりと見ないようなものを一切見ないであろう。これと同時に哲人連中は数学の先生がすでにかなり以前から獲得している世界と共通の世界に住むことになろう。しばらく前からもろもろの学問の水平線上にあらわれてきたある種のしるしや予兆を信じるかぎりこうした重大事の出現をもはやおくらせることはできないのだ。

感覚の夢想家は、理性の夢想家といくぶん似ている。感覚の夢想家のなかに、普通は時々霊と交渉をもつ人々が組み入れられている。それは彼らが、理性の夢想家と同様他のいかなる健康人も見ることのできないような物を見たり、どんなすぐれた感覚を備えた者にも普段けっして出現しないような存在と親しい間柄にあるためだ。もし脳裏にうかぶもろもろの幻影が単に妄想にすぎないと前提するならば、相手もまるで本物の対象なみに感覚をあざむくような、まやかしの像であるかぎりでは、夢想というい方も適切であろう。

しかし二種のまやかしが実際に、その成立の仕方からいって似ているにしても、一方の源泉が、他方の説明に十分に利用できると想像するのはまったくまちがった考えであろう。めざめているとき常に内容豊かな想像がもたらす虚構の幻想にふけるあまり、現実にはもっとも頻繁に直面しているはずの感官の感覚にたいしてあまり注意を払わないような人物はまさしくめざめた夢想家と名づけられよう。なぜなら、もし感官の感覚が多少強度を減じてしまうと、その人物は眠り込み、以前もっていたもろもろの幻想が本物の夢となってしまうからである。どうしてこれらの夢がめざめているときにすでにあらわれないのであろうか？　それは、その人物が、めざめているときには、これらの幻想がおのれの内部にある反面、彼が感じている他のもろもろの対象はおのれの外部にあるものと思い、したがって前者こそ彼自身の活動の結果である一方、後者は、彼が外部から受け入れ、かつ甘受する感覚の結果であると考えるからである。ここにおいて重要なのは、もろもろの対象が人間としての彼自身および彼の肉体に対し考えられる関係である。

　そういうわけで、例のまやかしのもろもろの群像も、たとえいかにはっきりしており、めざめているとき彼の関心をそそったにしても、けっして彼をあざむくことはない。なぜなら、彼はその後おのれ自身ならびにおのれの肉体についての表象を脳裏に浮べ、これに対しておのれの空想的なもろもろの像を関係づけるけれども、彼の肉体の現実の感覚は、外的感官を通じて、あの幻像とは対比されるあるいは隔絶されていることをさとり、幻像はおのれ自身が生み出したもの、他方、肉体の感覚は現実のものとみなすようになるからである。この際彼が眠りこんでしまうと、おのれの肉体についての表象は消滅し、残るのはただおのれ自身がつくりあげた表象だけとなる。これに関連して、他の幻想も外部にあると思考されるようになり、眠っている限り、夢見る人をあざむくに違いない。なぜなら、この場合原像を幻像と、つまり外部と内部を比較することによって区別する感覚が消滅するからだ。

こうした夢想家に対し視霊者は、たんに度合ばかりでなく、種類の上からもまったく違っている。なぜなら視霊者はめざめているときしかもしばしば、他の感覚がきわめて活発な場合でも、彼らが現実に身のまわりに知覚する他の事物同様外部に位置するある種の対象があるのだと主張するからである。ここで問題なのは、彼らの空想力が生み出す幻像を彼らが外向けの感官を通じて感覚した彼らの肉体との関係においておのれの外部に置くようになった事情は何かということである。彼らの幻像がきわめてはっきりしていることはこの場合原因にはなりえない。なぜなら問題は、幻像が対象として置かれる場所にあるからである。

そこでわたしは、いかにして魂が、そもそもおのれ自身の内部にあるものとして表象しているこうした幻像を、まったく別の関係の下に、すなわち、外部にある場所にそれも、彼らの現実の感覚が示すもろもろの対象と一緒に置くようになったかのいきさつが示されることを望んでいる。わたしは、こうした迷妄をいくらか似たところのある他のもろもろの場合、たとえば高熱でうなされている人の場合などを引合いに出すことによっておのれを納得させようとは思わない。なぜなら、迷妄に憑かれた人の状態が、健康であろうと病的であろうとおかまいなく人々が知りたいことは、彼らにふだんでもこんな迷妄が起こるかどうかということではなく、こうした迷妄がいかにしてありうるのかということだからである。

　しかしわれわれは外的感官の使用にあたっては、そのもろもろの対象が表象される明瞭度と共に、対象の場所も一緒に把握されることがわかる。さらに、おそらく場所の感知は、しばしば明瞭度の感知ほど正しくはないにしても、感覚にとって必要な条件であり、これなくしては事物をわれわれの外側にあるものとしては表象できないということがわかる。その際、われわれの魂が、感覚された対象を、おのれの表象のなかで、魂が受けたさまざまな印象の方向線をそのまま延長させそれらが交わった所におくということはおそらくありうるだろう。したがって、目から出発し、光線が入射した方向に逆に引いた線が交わる場所に輝く点が見えることになる。視点と呼ばれるこの点はたしかに作用においては拡散点だが、表象のなかでは、それに従い感覚が印象を受ける方向線の集合点、すなわち虚焦点（focus imaginarius）である。こうして人は一眼だけでも、見える対象の場所を定めうる。それがなぜできるかというと、何よりもまずある物体の像が空気中の凹面鏡を介して見られる場所というのは、対象の一点から発射される光線が、目に入射する以前に交わる点だからである。*

*〔原注〕われわれが近くの対象の見せかけの場所について下す判断は、ふつう視覚のしくみのなかで表象されている。これはまた経験とうまく一致する。一方、ある一点から発せられた光線は、目の水分のなかの屈折のために視神経に分散して入射するのではなく、視神経内の一点に集中して入射する。したがって、もし感覚が単にこの神経のなかだけに出現するのであれば、虚焦点は肉体の外部ではなく、眼底に置かねばなるまい。このことはわたしにはいま解決できかねる難点を形づくっており、しかも前述の諸文章とも経験とも一致していない。

おそらく音の印象についても音の衝撃が直線的に伝わるために、音の感覚は同時に虚焦点の表象に伴われていることが認められるだろう。この虚焦点は、震動する脳の神経構造内のもろもろの直線が外に延長され、たがいに交わる点である。なぜなら人はたとえ音が小さくしかも背後に生じても、音を発する対象の場所と距離に気づくからである。もっとも、音源から引かれた直線は耳の穴ではなく、頭部の別の個所に達するために、震動の方向線は魂の表象の外側に引かれ、音を出す対象は、これら方向線の交わる点におかれると信じなければなるまい。わたしは他の三つの感覚についても、すっかり同じことが言えると思う。ただこれらの三つの感覚と視覚ならびに聴覚との相異は、それらがいずれも感覚の対象が感官と直接触れあい、したがって感覚的刺激のもろもろの方向線がこれらの感官自身のなかで交わる点をもつということである。

このことを想像が生み出す、もろもろの幻像に適用するためには、さきにデカルトが認めたのについで彼以後の大多数の哲学者たちが同意した次のような考え方を基本にすることを認めていただきたい。それは想像力のすべての表象は同時に質料的観念と呼ばれる脳内の神経組織あるいは神経中枢のある種の運動に伴われているということだ。さらに想像力のすべての表象は、神経組織とは別個の微妙な要素の震動あるいは動揺に伴われている。ところでそれは感覚の印象の模写にすぎないのだがこの震動または動揺は感覚的印象がつくり出す運動と似かよっている。しかしわたしはいまここで空想の際の神経の動きと感覚の際の神経の動きのいちじるしいちがいは、そうした動きがたどるもろもろの方向線が空想の場合は脳内に、そして感覚の場合は脳外で交わるということを認めたいと願っている。

したがって、対象が表象される虚焦点は、めざめたはっきりした感覚をもつ際にはわたしの外部に、他方わたしがたまたま空想にふけっている際には、わたしの内部に置かれている。そこで、わたしはめざめているかぎり、わたし自身が生み出した幻想であるもろもろの想像を、感覚の印象と区別するのに失敗することはない。

もしこのことが認められるのであれば、ここでわたしが錯乱、もっとひどくなると狂気といわれているような精神の混乱の原因についていくらかわかりやすい話を述べてみようと思う。この病気の特徴は、狂人が単なる空想の対象をおのれの外部に置き、これこそ現実におのれの眼前にある事物であるとみなすことにある。ここでわたしは通常の秩序に従えば、物質的補助手段としての脳のなかで、空想に伴って起こる運動のもろもろの方向線は、脳の内部で交わらねばならず、そこで脳がその心像（イメージ）を意識する場所も、めざめているときは、脳自身のなかで考えられているということを言いたいのだ。

そのためわたしは、なんらかの偶然、あるいは病気によって脳のどこかの器官が障害を起こして、しかるべきバランスを失うと、いくつかの空想と調和して振動する神経の運動が脳の外側に移動して横切るような線に沿って起こるために、虚焦点は思考する主体の外部におかれること、*それに、単なる空想力の所産に他ならない心像が外的感覚にとっても存在する対象として表象されると仮定しておく。

*〔原注〕　ここに引用した場合といささかちがっているが、やはり似ている場合として、両眼でも物が二重に見えてくる泥酔状態を取り上げてみることができよう。なんとしても血管が膨張するために、目から延長された線が、対象のある点で交わるように両眼の軸を調整する作業に障害がでてくる。この場合でも、頭脳の容器のゆがみはおそらく一過性のものであり、たとえそれがつづいても、一部の神経が影響されるだけであろう。

ただ、空想の織りなすもろもろのイメージが、めざめているときでさえ、われわれの外部に出現する場合もある。たとえばまどろみに近い心地よい熟睡のあと、いわば、屈折した両眼で、ベッドのカーテン、シーツの多くの糸や、近くの壁の小さなしみを見ているうちに、それがやにわに人間の顔やそれに似たものに思われてくる。心をとりなおし、注意力をこらすようになれば、こうしたまやかしは消滅する。この場合は空想の虚焦点の置きかえがいわば随意になる。狂人の場合には、いかに意志を働かせても虚焦点の置きかえが妨げられない。

自然の秩序に従えば、とうていありえないような事物が出現したと思ったときの驚きは、たしかにはじめのうちこそ、こうした空想があやなす影絵が、ひどくぼんやりとしているけれども、やがてあざむかれた本人の注意力を刺激し、まやかしの感覚もきわめて活発になり、もはや本物だとしか思えなくなってしまう。このまやかしはどの外的感官にも襲ってくる。なぜならわれわれは、各感官についてその模写されたイメージをわれわれの空想裡に抱くからである。そして神経組織の歪みが原因となり、本来、実際に存在する物質的対象についての感官の印象が来るべきところに虚焦点が置きかえられる。そういうことからしても、空想家がしばしば、彼以外のだれもが知覚しえない事物をきわめてはっきり見たり、聞いたりしたと信じたとしてもけっして驚くにはあたらない。

　その状況は幻覚が出現しても急に消滅した場合、あるいは幻覚がたしかに本人の視覚内部に現れた場合、また、たとえば感情を含め他の感覚ではまったく感ぜられることなく、したがって幻像には透過性があると思われた場合でもまったく同じである。通俗的な幽霊実話の類は同種の仕組みによってつくられているために、こうした物語も、上述の源泉から発しているのではないかという疑いがまさに正当化されることになる。そういうわけでわれわれが慣用語から取り上げた霊的存在という世間でまかりとおっている概念も、この種の迷妄にきわめてよく似ており、その出所は否定しえない。なぜなら、空間にあって他者の侵入をゆるすという、透過性という特徴こそこの概念の本質的標識だからである。

さらに霊の形姿に関する若い人の教育用の概念も精神を病んだ人には、まやかしの空想のための素材を与えるだろう。だが、これらのすべての偏見から解放された人は変化がやにわに起こったとしても、そんなにたやすくこの種の幻影に囚えられることもないであろう。この場合空想家の病気はもともと本人の悟性ではなく、感覚の錯覚のなせるわざであるために、この不幸な人は、いくら他人が理屈を述べたところで、おのれの迷妄から離脱できない。なぜなら、感官の感覚は、それが本物であれ、みかけだけのものであれ、悟性のすべての判断に先行し、他のありとあらゆる説得を受け入れない直接の明証をもっているからである。

これらの観察から出てくる結論は、いろいろと不都合な点がある。まずこれによって、前章にかかげたもろもろの深い推測がまったく不要となり、たとえ前章で述べたような観念論的な構想にいくぶんは賛成することにやぶさかでない読者の皆さんにしても、結論をもっと快適、簡潔にし、さらに、世間の賛同をうるような概念を用いた方を好むからである。それに理性的な思考方式をとる者にとって、説明の根拠を、経験が示してくれる素材から取り出す方が、半分は虚構、半分は推理一点張りの理性で組立てられているめまいのするほど高尚な概念のなかに沈潜するよりは、ずっと適切なように思われるからである。

それに後者にかかわることは、ほんとうの根拠があるなしにかかわらず、実のない探究をつづけることをさしひかえさせる上で、他の何よりも強力な手段である他人の嘲笑を招くおそれがある。なぜなら空想家の妄想の説明にまじめに取り組むこと自体がすでに邪推を招くおそれがあるからである。そして哲学が悪い仲間とつきあっているとの疑惑を招きかねない。たしかにわたしはこれまで、これらの現象のなかに狂気がひそんでいることに、異論を唱えたことはない。狂気を、想像裡の霊の共同体をつくり出す原因とは、みなさなかったにせよ、その当然の結果として関連づけた。しかし、はかりしれないほど深い世界の叡智と一致しないような愚劣さがあろうか？　したがってわたしとしては、読者の皆さんが、視霊者をあの世に半分住んでいる市民とはみなさずに、一刀両断に、彼らを病院に送りこみ今後一切この種の探究をおやめになっても、けっして悪くとったりはしない。だがすべてこの調子で進むにしても、霊界に通じた達人を、上述の概念どおりのような人物とは、まったく異なった方式で扱わねばなるまい。それにかつては、しばしばこの種の人々を焼き殺すことが必要であると思われたが、いまでは彼らの腸内を下剤で浄化するだけで十分であろう。それに事態がこのような状況であることからしても、探究をいっそうすすめ、頭脳を熱狂させ、迷妄にふける夢想家から形而上学の助けを借りて秘密を引き出すという必要もないであろう。鋭敏なフディブラスだけが謎を解いてくれるであろう。彼の考えによれば、憂鬱な風が内臓のなかで荒れ狂うとき、いったいそれがどんな方向をとるかが問題になる。そして、もし風が下向きになると、それはF〔屁をさす・訳注〕となり、上昇すれば、亡霊あるいは神聖な霊感になるのである。

第四章　第一部の全考察からの理論的結論

民法によれば、人間の行為の尺度となる天秤は、重りをのせる皿と物品をのせる皿をたがいに交換させるとその真偽が判明するという。悟性の天秤の歪みも哲学的判断で比較考量する際、一致した答えをうるためにかならず必要な技術を通じてのみ明らかにされる。わたしはおのれの魂をもろもろの偏見からきよめた。わたしはかつて、多くの空想的な知識をわたしのなかに、注入すべくしのびよってきたありとあらゆる種類の迷信をしりぞけた。いまのわたしにとっては、公明正大という大道を踏みしめ平穏を保ちとりわけ、どんな理論的根拠にも取り組めるような心情になる以上に重要でしかも、名誉なことはない。わたしが直面する根拠は、わたしの以前の判断をたしかめてくれるかもしれないし、あるいは廃棄してしまうかもしれない。わたしの行き方をはっきりきめるかもしれないし、あるいは未決定にしておくかもしれない。ともかく、わたしを教示してくれる何物かにめぐりあった暁には、わたしはそれをわがものにしようと思う。たとえわたしの理由づけに反対する判断であろうと、それを天秤の一方の皿に入れ、他方の皿にまずわたしの自己愛、ついでやはり同じ皿にわたしの理由づけを入れて計量し、どうしても他者の判断の方が重いということがわかればわたしは他者の判断をおのれの判断とするであろう。

普段わたしは一般的人間悟性を、単にわたしの悟性の立場からのみ観察してきた。しかし今やわたしは外部の異なった理性の立場に立ち、わたしの判断やその深奥にある動機を他者の観点から観察することにする。二つの観察を比較すると、たしかに強力な視差が目立つが、これこそ視覚のあやまりを防ぎ、もろもろの概念を、人間存在の認識能力に関してかくあるべき真の場所に置くための唯一の手段である。

ところが、まじめな仕事というよりむしろお遊びとみなされるようなわれわれが扱っているどうでもよい課題に対しては、いま述べたような事柄はあまりにもまじめすぎる発言だと言われるであろう。そう判断するのはまったく正しい。しかし、たしかに些事に対しては仰々しい準備をしてはならないけれども、時に応じてそうしてもよいこともある。それに些事に取り組む際必要ではなかった慎重さはたとえば、重要事を扱う際には大いに役立つかもしれない。なんらかの愛着、あるいは、物事の吟味に先立ってしのびこんでくる好みといったものが、ただ一つの理由づけを除いて、わたしの心からあらゆる賛否さまざまの根拠に対応する柔軟性を奪うようなことはないと思う。ところが悟性の天秤は、まったく党派性がないとはいえない。そこで、「未来の希望」と銘打ってあるはかりの腕木はそれこそ機械的な利点をもち、この腕木に属する皿にのせられれば、軽量の根拠でも、他方の皿におかれた実際ははるかに重量のあるもろもろの思弁をたちまち高々とつり上げてしまう。

これこそ、わたしが免れることのできない、しかも実際には免れることを望んでいない唯一の不公正である。わたしには亡霊の出現あるいは霊の作用についてのすべての物語や、霊的存在の憶測された性質や、それのわれわれとの結びつきに関する理論は、ひたすら希望の皿の上にのせられてはかられ、これに反し、思弁をのせた皿には、純粋な空気なみのものしかのせられていないように思われることを告白したい。たとえ与えられた課題に取り組むにあたって、すでにはっきりどうでるかをきめている偏愛などに左右されないにしても、理性的ないかなる人も、いくつかのいわゆる異常経験を、多くの場合ありきたりな自己欺瞞、虚構であったとみなすよりも、むしろ彼の知覚が教えてくれるすべての事物とまったく似かよっていないような存在をすんなり受け入れた方がいいのではないかとためらうであろう。それればかりか、このことこそ一般に広く流布している幽霊物語がそもそも信じられていることのもっともたしかな原因であるように思われる。それに死霊の出現にまつわる迷妄はまず、人々がなんらかの方式で、おのれが死後も存在するという心をなごませてくれる期待から、おそらく生まれたのであろう。なぜなら、夜間奇妙な影を見ると、迷妄が感覚をあざむき、ぼんやりとした形姿から、前述したことに適合するような幻像がつくられる。そしてついにこれを踏まえて哲学者たちは、霊に関する理性概念を考え出し、それを学問体系のなかにもちこむ機会を得るわけだ。

霊の共同体に関するわたしの学説も、一般大衆の好みと同じ方向をたどっているとみなされるであろう。なぜならもろもろの命題はいかに人間の霊がこの世から出ていったか*という概念を与えること、つまり死後の状態についての概念を与えることでは、ふしぎと意見の一致をみているからである。しかしいかにして人間がこの世に入ってきたか、つまり、生殖と繁殖については、わたしは論じない。さらにわたしは人間がこの世の中でいかにして存在するのか、すなわち、いかにして非物質的存在が一つの肉体のなかに入りこみその肉体を通じて活動するのかということも問わない。それはすべて、わたしがこうした事柄全体について何事も理解していないということ、したがって、たとえどんな薄弱なものであれ、提示されるもろもろの根拠を、これなら十分だとわたしの好みやかたよった考えが推薦できるのでなければ、わたしは未来の有様に関しても、つつましやかに無知であるとの構えをみせるというはっきりした原因があるからである。

＊〔原注〕 古代エジプト人の魂の象徴はチョウであり、ギリシア語の名称も同じである。死後はただ変化するだけだという希望がこうしたしるし、こうした理念をもたらしたのだということはすぐわかる。だからといってこのことは、ここで発生したもろもろの概念の正しさに対する信頼を排除するものではない。われわれの内的感覚と、それに基づいた理性に似たものの判断は、それが、健全である限り、理性がいっそう明澄であり広範であったならば導いてくれるような方向に誘導してくれるのだ。

わたしがいろいろの幽霊実話について、そのすべての真実をあえて完全に否定しようとは思わない。ことさらにわたしが、ときにはおかしなところがあっても普通の留保をつけ、これらの幽霊実話の個々のものに対しては、疑念をはさみながらも、全体をある程度信用するという気持になるということも、すべてわたしの無知のなせるわざだ。読者の皆さんがどう判断されようと自由だがわたしに関して言えば、少なくとも第二章に取り上げたもろもろの根拠に基づく結論は、この種の異様な物語を聞くに際しわたしに、まじめな、しかも、どっちつかずの態度をとらせることになった。それに心情にすでに、偏向がみられる場合には、これらの物語の正当化がけっしてうまくゆかぬわけはない。そこでわたしはこれらの考え方を今後も弁護することによって読者の皆さんをわずらわせるつもりはない。

ところでいよいよ霊に関する理論をおえるにあたってわたしはあえて言っておきたい。すなわち、この観察は、読者の皆さんがうまく利用されれば、この種の存在についてのすべての哲学的な洞察を完璧にすることであろうが、それとともに将来人々はたしかに霊について色々と考えはするだろうが、もはや多くを知ることはできないだろうということだ。

この陳述はかなり野心的に聞こえるであろう。なぜなら、感官に知られている自然のもろもろの対象はたとえ水滴、砂粒、あるいはもっと単純なものであったとしても、観察あるいは理性によって洗いざらいすっかり究明されたなどとはとうてい言えないからである。自然が人間悟性のような制限された理解力に解答を求めるものはたとえその一小部分であったとしても、まことにはかりしれないほど多様である。

だが霊的存在についての哲学的学説においては、まったく事情が違う。こうした学説は完成している。しかし、否定的な意味でそうなっているのだ。それというのも哲学的学説は、われわれの洞察の限界をはっきりと定め、次のようなことをわれわれに確信させるからである。すなわちまず、自然のなかの各種各様の生命の現象およびその法則だけが、われわれの認識を許しているすべてであること、しかしこの生命の原理つまり霊の性質については、なんらの材料もわれわれのすべての感覚に与えられないために、まったく知ることはできず、ただ憶測するだけで、けっして、積極的に考えることなどできないこと、さらに、すべての感覚的なものからあまりにもかけはなれた事物を考えるためには、どうしても否定、否定の一点張りで対処しなければならないこと、そうはいうものの、こうした否定の可能性自体も、経験や推理に基づいているわけではなく、ありとあらゆる補助手段を奪われた理性が逃げ場に求めた虚構に頼っていることなどである。こうした確信に基づけば、人間の霊魂学は、憶測された存在を狙ってはいるがかならず人間の無知をさらけ出す学説と名づけられるだろうし、それにこうしたものとして使命を簡単に果してゆくことになろう。

さらにわたしは形而上学の広範な分野を占める霊に関するすべての材料を、まったく用済みのもの、一巻のおわりとして退けることにする。こうしたものは将来も、わたしには何の関係もないであろう。この種の探究についてわたしの計画を縮めまったく無駄ないろいろな調査をやめることでわたしはわずかながらも自分の理解力を、他の対象にもっと有益にふりむけることを望んでいる。おのれのわずかな能力の尺度を空虚なすべての企てにあわせて広げていこうという試みは多くの場合無駄にすぎない。したがって、叡智は、この場合でも、また別の場合でも、計画を能力に応じて縮小し壮大な目標にうまく到達できないときは、中間の目標に、取り組むようおのれを制御することを命じている。

第二部　歴史編

第一章　それが本当かどうかは読者の皆さんの随意の探究にお委せする一つの物語

わたしが耳にしたことを、述べるのを許されたい。

ウェルギリウス『アエネーイス』VI 266

思いあがりからありとあらゆる空虚な問題に取り組んできた哲学は、しばしばある種の物語に直面した。そのいくつかについては、何ら罰せられることなしに疑ぐるわけにはゆかない、あるいは、これらの物語の多くを、まったく嘲笑されるおそれなしに信用することもできないというジレンマに立たされ、ひどく困惑させられることがある。二種の困惑は世上流布している幽霊物語に関連して起こってくる。第一の困惑はこれが実際にあったと断言する人の言うことを聞いたとき、そして第二の困惑は、物語をひきつづき聞かされた人々に関して起こってくる。

実際に哲学者にとって、軽率だとか大衆の迷妄に迎合しているという非難ほどつらいものはない。そしてやすやすと利口らしくみせかける術を心得ている人々は、愚者も賢者も、共に自らよく理解できないためにいわば一致して行なっている事柄すべてを嘲笑する。そうしたことからしても、しばしば、評判になっているもろもろの幽霊物語が、広く大衆に受け入れられながらも、公けにはまったく否定されるか、あるいはひたかくしにされていることは、少しも不思議ではない。

とにかく科学アカデミーがけっしてこの材料を懸賞問題に取り上げないことはまちがいない。それというのも、アカデミー会員が、この問題についての大衆の考え方に迎合することなど一切ありえないからではなく、叡智を守れとさとすおきてが好奇心やこざかしい知識欲によって、玉石混淆のまま投げかけられるもろもろの疑問を正当にも制限するからである。そういうわけで、この種の物語はたしかにいつの時代でも、かくれた信奉者を抱えているが、公式には、このところはやりの不信仰に基づき非難のまととなっている。

ところで、わたしにはこれらの問題すべてについて、何事かを決定することはそれほど重要には思われないし、またそのための準備も、できているとも考えられないので、ここで、問題になっている事柄についての情報を伝え、これを厳正中立の立場から、読者の皆さんの好悪の感覚に基づいたそれぞれのご判断に委ねるしだいである。

いまストックホルムに、とくにこれといって官職にもつかず、かなり多くの財産で暮らしているスヴェーデンボリ〔カントはスヴェーデンベルクと誤記した・訳注〕という人がいる。彼のすべての仕事は自ら述べているように、二〇年以上にわたって霊魂や死霊ときわめて親密に交際し、これらの霊からあの世に関する情報を入手し、また逆に彼らにこの世についての情報を伝え、おのれのもろもろの発見について何巻にものぼる書物をあらわし、その刊行の成行きを監督するためにしばしばロンドンに旅行することにある。彼はおのれの秘密をひたかくしにしようとはせず、だれとでも自由に語りあい、おのれが述べていることについてはいささかも意識的な瞞着やいかさまの様子を見せず完全に自ら納得しているように思われる。

そこでもし彼の言を信ずるとすれば、彼はすべての視霊者のなかでも最大の視霊者である反面、彼の知り合いの記録を読むにせよ、あるいは彼の著作から判断するにせよ、彼がまさしくすべての夢想家のなかの最大の夢想家であることがわかる。だがこうした状況も、ふだん霊の影響を受けやすい人がこうしたほら話の背後に実はなにか真理がひそんでいるのではないかと推測するのを妨げるものではない。もともとあの世から来るすべての全権委任者を信任するかしないかの決め手は、この世の中で彼らの異常な職務のある種の見本となるもろもろの証拠のなかに見受けられる。したがって、わたしとしても、問題の人の異常な資格を信用させるに足るもの、少なくとも多くの人々からいくらか信用されるようなものをいくつか紹介しなければなるまい。

一七六一年のおわり頃、スヴェーデンボリ氏は、たいへん頭がよく、洞察力も深いところからよもやこの種の事柄に関与することはありえないと思われたある大公夫人に招かれた。どうしてそのようになったかというと彼が見たという幻視がたいへん評判になっていたからである。実際にあの世からの情報を聞くというよりむしろ、彼がくりひろげる空想の数々をたのしむことを狙ったいくつかの質問をしたあと、大公夫人は、霊の共同体にかかわる秘密の使命を彼に前もって与えたあと、別れを告げた。数日後スヴェーデンボリ氏は、大公夫人自身の告白に従えば彼女の度肝をぬくほど驚かせたような返答をもって現れた。この返答がまさに適中しており、しかも現在生存中の人ならとうていスヴェーデンボリ氏に与えられないような返答であることを彼女が発見したのだ。この実話は、そのころストックホルムにおり、同地の宮廷に駐在した使節が、コペンハーゲンにいた他の外国使節に与えた報告に基づいており、特別の問い合わせに応じてなされた調査結果ともぴたりとあっていた〔訳者まえがき一二頁を見よ〕。

次にかかげるもろもろの実話も正鵠を射た証明になるかどうかははなはだあやしい大衆の風説以外の何らの保証もえられていない。スウェーデン駐在のオランダ公使の未亡人、マルトヴィーユ夫人〔カントはアルトヴィーユと誤記した・訳注〕は、ある金属細工師の家族から納品済みの銀製食器の未払分の支払いを求められた。亡夫が几帳面に家計のやりくりをしていたことを知っていた彼女は債務は夫の生存中すでに支払い済であったと確信していた。そうはいっても彼女は彼からのこされた書類のなかから証拠になるものを見出せなかった。この婦人は占い、夢判断、その他ありとあらゆるオカルト的な事柄にまつわる実話をとりわけ信用する傾きがあった。そこで彼女はスヴェーデンボリ氏に、彼と死人の魂と交渉があるとの噂がもしほんとうならば、あの世にいる亡くなった主人から、例の支払い要求の一件はいったいどんな事情になっていたのかという情報を聞き彼女に知らせてほしいと依頼した。スヴェーデンボリ氏はその実行を約束し、数日後夫人の家に赴き彼が求められた情報を集めたと述べ、さらに夫人の考えではすっかりからっぽになっているはずの戸棚を示し、そのなかに、必要な領収書の入っているかくれた引き出しがあることを報告した。そこでただちにこの報告に基づいて調査が行なわれたところ、オランダ国政府の機密文書の他にすべての債務が完済されていることを示す証拠書類が見つかった。

第三の実話は、正しいか、それとも正しくないかの完全な証明がきわめて容易に与えられるような種類のものである。わたしが正しく伝えているとすれば、一七五九年〔一七五六年をカントが誤記。なぜなら一七五八年にカントが出した私信には一七五六年とある・訳注〕の終わりの頃、イギリスから帰国したスヴェーデンボリ氏は、ある午後イエーテボリ〔スカンジナビア半島西部にある港湾都市。ストックホルムは東部にある・訳注〕に上陸した。彼はその晩、同地の商人の会合に招かれたが、しばらく同席しているうちに、驚愕の表情をあらわにしながら、いまストックホルムのゼーデルマルム地区でおそろしい火災が発生したとの情報を伝えた。途中で何度も座をはずしたが、数時間後、彼は参集者一同にたしかに火災は一面に広がったもののついにおさまったと報告した。その夜のうちにたちまちこの不思議な情報が広がり翌朝には全市に伝えられた。しかし二日たってはじめて、スヴェーデンボリ氏の幻視と完全に一致したといわれる報告がストックホルムからイエーテボリに入ってきた。

理性的な人ならやっとがまんしつつ耳を傾ける童話をさらに語りつづけるばかりか、そうしたものを哲学的研究論文に仕立てあげるというこうしたばかばかしい仕事を引受けるようわたしをうながしたものはそもそも何であったろうと、おそらくたずねられることであろう。ところが、われわれがさきに伝えた哲学も、形而上学という怠け者の天国が生み出した童話にすぎない以上、わたしには両者を組み合わせて登場させるのが、けっして不適当だとは思われない。それに、理性のいんちきな理由づけを盲目的に信奉する方が、人をまどわす幽霊実話を不用心に信用するよりはたしてより名誉となることであろうか？

　愚劣と悟性の境界というのは、あまりはっきりとはしていないために、時に他方の領域に入りこんで、そぞろ歩きすることなしに、一方の領域のなかを長く歩きつづけるのはたいへん難しい。しかし悟性の反撃を物ともせず、多くの独断的な信条をいくらか認める誠実さについて言えば、こうした誠実さは、もちろん現状にうまく適合せず、そのためしばしば馬鹿げたことになるが、だからといって愚鈍の当然の遺産とみなしてはならない古くから伝わる名誉心の名残りであるように思われる。

したがってわたしは、いま取り組んでいる不思議な実話について、例の理性と軽信の曖昧な混同を、それぞれの要素に分解し、二つの要素の割合をわたしの思考方式のために算出する仕事を読者の皆さんのご随意にお任せすることにする。それというのも、このような批判にあたっては、何としても上品さというものが重要である。そこで、わたしは、フォントネル〔フランスの啓蒙主義者。主著『新・死者たちの対話』一六八三年・訳注〕が信じているように少なくとも利口でないと思われないためにはこれで十分なのだが、人の言うこれらの愚劣さと、いわば、大がかりに善隣共存の関係を保つことによって、嘲笑のまととなることから十分身を守れると思っている。

なぜなら一般の話題になっているために、ある種の不合理な事柄が理性的な人々にすら受け入れられることは、いついかなる時代にもあったことだし、将来もそのような有様となるらしいからである。そうした不合理な事柄に属するものとしては、霊力、秘薬、護符の類、水脈などを占う棒、予感、妊婦の想像力の作用、月の変化の動植物に与える影響などがあげられる。いやそればかりではない、ついさきごろ普段なら学者が一般大衆に対して軽信だとして示す嘲りを、逆に一般大衆が学者に対して投げ返したことがなかったであろうか？　いまや理性的な人ならだれしもフランスの森のなかにはアフリカ産の猛獣など走っていないことを知っているにもかかわらず、いろいろと噂をきいた女子どもにけしかけられ、ついに利口な男たちの大部分が普通のオオカミをハイエナとみなすようになったからである。人間の悟性も、好奇心と結びつくととかく弱点をさらけ出すために、はじめのうちは真理といつわりが何らの区別もなくかき集められることになる。しかししだいにもろもろの概念が浄化され、いつわりの一小部分は残留するものの、他の部分はゴミクズとして投げ捨てられる。したがって例の幽霊実話が重要であると思われる人はもし資金が豊富にあり、しかも他に何もよい仕事がなければ、ちょうどアルテミドロス〔二世紀の夢占師・訳注〕が夢占いのために小アジアを歩きまわったように幽霊実話の大がかりな収集のために旅行するがよかろう。

同じような考え方をする後継者たちは、こうして旅しては調査をした人々がわがスヴェーデンボリ氏を新しいティアナのアポロニウス〔一世紀の隠秘学の達人、死人をよみがえらせたといわれる・訳注〕に仕立てあげる第二のフィロストラトゥス〔三世紀にアポロニウスの死後、彼の伝記を書いたギリシア人・訳注〕を登場させないよう用心してくれたことに大いに感謝することになろう。もしもそんなことになれば噂話が正式の証明に昇格し、不都合ではあっても絶対必要な証人訊問ができなくなってしまうからだ。

第二章　夢想家の有頂天になった霊界旅行

夢、魔力の恐ろしさ、奇跡、女予言者たち、夜の幽霊、そしてテッサリアの怪物

ホラティウス〔紀元前一世紀のローマ詩人・訳注〕

現在のこの著作が先に進むにつれて、執筆にあたって守るのが適当であるとわたしが思っているような方式について、用心深い読者の皆さんがいくらか疑念をもたれたとしても、けっして悪く思ったりしないだろう。なぜならわたしが本書を独断編と歴史編とに分け、したがって理性の根拠を経験に先行させたために、まるでわたしが陰謀を企んでいるのではないか、さらにわたしが話の全体を前もってすっかり知っているのに、いきさつをまったく知らない読者の皆さんを最後になって、喜ばしい経験に基づく証拠を示して驚かすために、わざとわたしがまるで純粋かつ孤立した観察以外の何物も知らないふりをしているのではないかというような疑いを起こさせる原因をわたし自身が作ったからである。

それに実際にこうした行き方は哲学者たちがしばしば用いている高等技術である。なぜなら、すべての認識は、把握の際のよりどころになる先天的（アプリオリ）後天的（アポステリオリ）という二つの結末をもっていることを人は知らねばならないからである。たしかに多くの現代の自然科学者は、まず後天的認識からはじめねばならぬと称し、十分に経験上の知識を確保し、しかるのちにしだいに一般的なより高度の概念へと進んでゆくことによって科学というウナギの尻尾をつかまえられるものと信じている。たしかにこれはおろかな行き方ではないが、だからといって多くを教えてくれないし、それにあまり哲学的だとは言えない。

なぜなら、この行き方をたどってゆくとやがて、けっして答えが得られない「なぜ、だ？」という疑問にめぐりあうからである。こうした行き方は、手形の支払いにあたって、いかにもにこやかに、どうかいつか別の時にもう一度、請求してくださいと頼む商人程にも哲学者に名誉を与えるものではない。したがって鋭敏な人々はこの不都合を回避するために、まったく逆方向にあるもっとも遠い境界、つまり形而上学の頂点から話を始めるわけだ。

しかしそうすると、新しくやっかいなことが起こってくる。すなわちわたしは知らないがどこかで始まり、そしてわたしは知らないがどこかへ行くことになり、また根拠の進展が経験とかみあおうとはしないことだ。そればかりではない。世界を説明するためのもっとも一般的で、もっとも抽象的な概念とくらべると、永遠の昔から落下しつづけてきたエピクロス〔紀元前四―前三世紀のギリシアの哲学者。原子論を唱えた・訳注〕のもろもろの原子が、一つの世界をつくりあげるために、一度に偶然にすべて衝突しあう方が、ずっと容易らしく思われる。

それに、一方ではおのれの生み出した理性的根拠、そして他方では現実の経験あるいは幽霊実話が平行して走り、たがいに交わることなしに、それこそ考えられもしないような無限の彼方に進んでいく有様を見たとき、哲学者は、他の人々と、まるで、これについてあらかじめ談合でもしていたかのような態度をとる。すなわち、まず各人がおのれの方式にのっとって出発点を定め、ついで推理するという直線コースをとらずに、証明根拠の目立たない偶然の傾きをたどることで意見の一致を見るわけだ。ということは、理性をもっとも忠実な弟子すら予想しなかった場所に導くために、彼らはある種の経験、あるいは確証の目標をひそかに盗み見していたのだ。その場所とは、すでに前もって、証明されねばならないことがわかっていることを証明することである。

その後彼らは、実際は知らず知らずのうちに仕切りの杭を越えてアポステリオリ内の地点に達したにもかかわらず、この道をアプリオリの道と呼んだ。だがその際その技術を心得ている者は師匠の秘密をもらしてはならないのだ。この意義深い教授法に基づいて、さまざまな功績のある人々が、単なる理性の道をたどることによって、宗教の奥義さえ奪取することになった。その有様はちょうど長編小説の作家が、物語の女主人公（ヒロイン）が彼女の崇拝者に、幸運な冒険を経て偶然会うことができるように、彼女を遠方の国々へ逃れさせるのと同じような手口である。ウェルギリウスは言っている。「彼女は柳の茂みに逃れた。そして前もって見られていることを望んだ」(『ブコリカ』Ⅲ 63)。

もしわたしがこの著作にも望ましい結末を与えるために、実際に同じ手練手管を用いたとしたら、わたしは、賞讃されてきた先輩たちに恥じる理由を事実上一切もたないことになろう。しかしわたしは読者の皆さんが、わたしについてそんなことをまったく考えてくださらないことを願っている。わたしがすでに秘密をべらべらしゃべりまくり、すでにだれもだますことなどできなくなった以上、いまやこんなことをしたって何の役に立つであろう? それにわたしがめぐりあった証言、それもわたしの哲学的妄想がつくり出したものとあまりにも似ている証言は、まさに絶望的といえるほど無細工でありかつ愚劣である。したがってわたしは読者の皆さんが、わたしと先輩たちとのこうした規定があまりにも似ていることから、先輩たちの理性的根拠が、理性的である反面、わたしの理性的根拠は筋が通っていないと考えられるのではないかとむしろ推量せねばなるまい。

わたしはつぎにまわりくどいことを省き、こうした当てこすりのような比較に関しては、わたしは一切冗談を解さないと言いたい。さらに簡潔に、人はスヴェーデンボリ氏の著作のなかに、最初うかがわれたのを上まわる賢知と真理を推測せねばならぬか、さもなければ、もしそれがわたしの体系と一致したのなら、それはまったく偶然のなせるわざとみなすかのいずれかであると宣言する。その状況はちょうど詩人が狂気に走ったとき人が信じているとおり予言する場合、あるいは、少なくとも詩人自身が言っているように、ときどきそうした予言が適中する場合と同じである。

わたしは、わが英雄の著作に接するという目的を達した。いまは忘れ去られた多くの著述家たち、あるいは、将来とも有名でない作家たちは、大きな仕事をなしとげるにあたって、彼らの悟性の浪費をいささかも、気にかけなかった。その面では疑いもなく、スヴェーデンボリ氏にだれよりも、最大の名誉が与えられるべきだろう。なぜなら、かのアリオスト〔イタリアの詩人。『怒りのオルランド』が有名。一四七四―一五三三・訳注〕が月面で見ており、その所有者たちがいつかは再び探し出さなければならない、地上では失われた理性がつまっている瓶にもけっしてひけをとらないような、なにやらいっぱいつまった瓶をスヴェーデンボリ氏は月面にもっているからである。

かくして彼の大著述のなかには、もはや一滴の理性も見当たらない。それにもかかわらず、彼の著作には、理性的な慎重な吟味が似たような対象について行なった結果との不思議な一致がみられる。そこで、わたしが、多くの他の蒐集家が自然のたわむれのなかでめぐりあうような奇妙なものを彼の想像のなかで見出したとしても読者の皆さんはお許しくださるであろう。そうした蒐集家たちはたとえば、まだら模様の大理石のなかに聖家族像を、そして、鐘乳石の形象のなかに、僧侶、洗礼盤、それにオルガンそっくりのものを発見する。それればかりか、皮肉屋リスコウ〔ドイツの作家。一七〇一——一七六〇・訳注〕などは、凍結した窓ガラスの面に多くの動物と三重冠を発見した。これは頭のなかがすでに前もってこれらのもので充満している以外の人がけっして見ることができない代物である。

この著述家の大労作は、ナンセンスでいっぱいの四つ折り判八巻からなっており『神秘な天体』Arcana caelestia と題し、世界に対する新しい啓示として刊行された。そしてこの大労作のなかで、彼の幻想の大部分がモーセの五書のうちの最初の二書のなかにある秘密の意味の発見と聖書全体の類似の説明の仕方に適用された。すべてこれらの夢想めいた解釈は、ここではわたしにとって何の関係もない。しかしもしお望みとあれば、これについての情報をエルネスティ博士の『新神学文庫』第一巻のなかに探し求めることができる。ただ「彼自身の耳で聞いたもの、彼自身の目で見たもの」(audita et visa) だけがとくにわれわれが、彼の各章への付録から引き出したいことのすべてである。なぜならこのくだりが他のすべての夢想の基本になっているし、われわれがすでに、形而上学という飛行船にのって敢行したあの壮挙にかなり首をつっこんでいるからである。

　著者の文体は平板である。彼のもろもろの物語や、まとめ方は、実際に狂信的な直観から発したように思われる。さらに、こうしたことを創作し、嘘いつわりを仕掛ける目的に従って物事を逆に逆にと考えてゆく理性の所産である理論的迷妄がもしかして彼を動かしたのではないかという疑いも多少出てくる。そうした限りでは彼の物語やまとめは、たしかになかなか重要であり、実際に、そのあらすじだけでもこのところ雑誌にいっぱい出ている愚劣で屁理屈っぽい連中がこねまわした多くの駄文よりはるかに紹介の価値がある。

　なぜなら、感覚一般のまとまりのある迷妄はその根拠がはっきりしており、心情の力を意識的に方向づけることや、空虚な好奇心をいくらか制御することによって防止できる理性の欺瞞よりも、はるかに奇妙な現象だからである。そもそも感覚一般のまとまりのある迷妄は、すべての判断の第一の基礎にかかわっており、いったん、まちがったあかつきには、論理の法則など何の頼りにもならない！　したがってわたしはこの著述家に取り組むにあたって感覚の妄想を知力の妄想から分離しさらに彼が幻想にとどまることなく逆の方向をたどってこざかしいことを述べた部分を無視することにする。それはちょうど哲学者に取り組む際しばしば、彼が理屈をこねた個所を、彼が観察した個所から分離しなければならないのと同じ事情である。それればかりではない。多くの場合みせかけの経験の方が理性から出てきたみせかけの根拠よりも、ずっと教える所が多い。

したがって、わたしは、おそらく読者の皆さんが上述の材料に関するおそらくあまり役立たないような基本的著述を読むためにあてる時間を奪うことになろう。その反面、わたしは多くのすさまじい混乱を除去し問題の書物の真髄をわずか数滴だけ提供することによって、同時に読者のみなさんの繊細な趣味に奉仕することにする。本来ならば医師はなんなく患者にキナノキ〔樹皮がマラリアの特効薬となるキニーネの原料・訳注〕一本全部を食べさせ得るのにもかかわらず、わずかにその樹皮を食べさせただけで患者に感謝されることがある。そうした感謝の念と似たものを読者の皆さんがわたしに示してくださることを期待している。

スヴェーデンボリ氏は彼の幻視を三種類に分けている。第一の幻視は肉体から解放された、睡眠と覚醒の中間状態に生じ、そのときは彼は霊たちを見、聞き、さらに感じさえする。第二の幻視では、彼は霊に連れ去られている有様となる。彼がたとえば街路を歩いてゆくうちに、何の混乱もなく霊のなかに入り、やがてまったく別の地方に移り、まったく別の家屋、人々、森などを、はっきりと目撃する。しかもこの状態は、彼がやにわに再び本来いるべき場所に自分がいるのを認めるまで、数時間つづくのだ。こうした有様に、彼は二度、三度めぐりあった。第三の種類の幻視は、彼が毎日めざめたときも見ている平凡なもので、彼の幽霊実話も主としてこれを材料にして書かれている。

彼の証言によるとすべての人間は霊界とひとしく密接な関係がある。ただ彼らはこれを感じていない。彼が他の人とちがっているのは、彼の深奥が開かれていることだ。この天賦の才能について、彼はいつもうやうやしく「それは神の慈悲によってわたしに与えられた」(datum mihi est ex divina Domini misericordia) と述べている。こうした事情から彼の才能は彼の魂が霊界とのたえざる結合を通じて受ける曖昧な表象を意識できることにあるということがわかる。ついで彼は人間に関して、外的記憶と内的記憶を区別する。彼は前者を可視界に属する人間として所有し、そして後者を彼の霊界との結合能力のおかげで所有している。

内的人間と外的人間との区別もこれに基づいている。かくして彼の独自の能力は、彼がすでにこの世においてすら一個の人間としておのれが霊の仲間入りをしていることとを見、しかも霊たちからもそのように認められていることにある。この内的記憶のなかに、外的記憶において消滅したものがすべて保存されており、ここでは人間のすべての表象がけっして失われることはない。死後は、かつて各人の魂のなかに出現したもの、しかもその人自身にとってすらずっとかくされたままであったもの、つまりすべての記憶が、その人の生活に関する完成した書物となってできあがっている。たしかに霊の存在は、彼の内的感覚でのみ感ぜられる。しかし内的感覚は霊を彼自身の外部にあって、しかも人間の姿をとっている様子に見せる。霊の言葉は理念の直接の伝達である。しかしそれは、彼が普段話している言語の状態と結びついており、彼の外部の言語として表象される。一個の霊は、他の霊の記憶のなかに、はっきりと保存されているもろもろの表象を読みとることができる。

こうしてスヴェーデンボリ氏のなかで諸霊は、彼がこの世についてもっているさまざまな表象をきわめてはっきりした直観を働かして見るために、霊たちはその際あざむかれ、しばしば、まるで霊たちが直接、物事を見ているかのように想像する。しかしこれはできないことだ。なぜなら、いかなる純粋な霊も、物質的世界についてはなんらの感覚をももっていないからである。それに生きているスヴェーデンボリ氏以外のつまり他の人間の魂と交流することによっても、霊たちは、物質的世界についての表象をもつことができない。これらの他人の深奥が開かれていないからである。ということは、これら他人の内的感覚は、完全に闇に包まれたような表象しかもっていないからである。

そういうわけで、スヴェーデンボリ氏は、諸霊の本物の神託を受ける人となる。ところで彼が諸霊の記憶のなかにちょうど鏡を見るように霊界の驚異をみつけようとしているように霊たちも、彼のなかでこの世のいまの有様をじっくりみつめようとしている。この霊たちは、生きている人間の他のすべての魂とやはりきわめて密接に結びついており、しかもそのなかで活動し、またそれによって悩まされているのだが、彼らはそのことをまったく知らない。また人間の方でもさっぱりわかっていない。なぜなら並の人間は、彼らの霊的個性に属する内的な意味が、全然わからないからである。

したがって霊たちは、人間の魂が彼らのなかで作用したものは、彼らによってのみ考えられていると思っている。それはちょうどこの世に生きている人間たちが、本当はしばしば不可視の世界からやってくるにもかかわらず、彼らの思考と意志の活動のすべてが、彼ら自身のなかで生まれたかのようにしか思えないのと同じである。それでもどの人間の霊も、霊界に座を占めており、つねに彼の真と善の内的状態、すなわち悟性と意志の状態に適合したある種の団体に属している。

そうはいうものの霊たちが共同生活している場所は、物質的世界の空間とは何の共通するところもない。したがってインドに住む人間の魂は、霊の状況からすればヨーロッパにいる他の人の魂と、しばしば一番親しい隣人同士ということもありうるし、逆に、肉体的には同じ家屋に居住する者同士が、霊の関係からすれば、まったく遠方にいることもありうるのだ。

人間が死ぬと、魂はその居場所を変ずることなく、すでにこの世で、他の霊との関係で位置していたのと同じ場所にいると自ら感じる。さらに霊たちのあいだのたがいの関係は、けっして本物の空間で繰り広げられるわけではないが、霊たちがあたかも空間にいるかのような様子を示す。そして彼らの結びつきは、近くにあるという付随条件の下に表象される。しかし彼らのさまざまの相違は、遠くはなれていることで表される。また霊たち自身は、実際にはけっして広がりをもっているわけではないけれども、たがいに人間の形姿をとってあらわれている。この想像上の空間のなかに、霊的存在一般の共同体がある。

スヴェーデンボリ氏は気が向いたときに死んだ人の魂つまり死霊と語り合う。そして死霊の記憶（表象力）のなかに、彼ら自身が観察した状態を読みとり、しかもこれを肉眼で見るようにはっきりと看取する。ところで、世界の理性的な居住者にとってとてつもない遠い距離であっても霊界全体に関する限りでは、それは無に等しい。そこで土星の居住者と語ることも、彼にとって、死んだ人の魂と語るのと同様、まったく容易である。すべて問題になるのは内的状態の関係と、彼らがたがいに真および善との一致に従って保っている結びつきだけである。

しかし遠い所にいる霊でも、他の霊の仲介によってたやすく仲間になることができる。したがって人はいつか宇宙のどこかのすべての驚異を知るためであっても何もわざわざそんな所に実際に居住する必要はない。彼の魂は他の亡くなった世界市民の記憶のなかに、これらの亡者が、おのれの生活と居住地についてもっていたもろもろの表象を読みとり、そのなかのさまざまな対象を、まるで自分が直接見るようにはっきり見るのだ。

スヴェーデンボリ氏の幻想の主たる概念によれば物質界は、けっして独自に存在しているわけではなく、単に霊界によってのみ存在している。さらに各物体は一つばかりでなく、すべての霊をまとめたものによって存在している。したがって物質界には二つの意味がある。一つは、物質相互のあいだの関係という外的意味であり、もう一つは霊界のもろもろの力を原因として生じた結果としての内的意味である。

そういうわけで人間の肉体は、物質的法則に従えば、たがいの部分の関係にすぎない。ところが人間の肉体がそのなかに生きている霊によって維持されるかぎり、人間の四肢や機能はそれらの形態、活動、存続を可能にさせる魂の力にとって特記すべき価値をもっている。この内的意味は人間には知られていない。ところがその深奥がわかっているスヴェーデンボリ氏は、そのことを人々に知らせてやろうと望んでいる。可視界の他のすべての事物についても、事情はまったく同じである。前述したように一方ではこれらの事物は、たいした意味をもっていないが他方ではなかなか重要なしるしという意味をもっている。そしてこれこそ彼が行なった、新しい聖書解釈の起源である。なぜなら内的意味、すなわち、聖書のなかですべて物語られた事柄のうちでも霊界との象徴的な関係のみが、彼の夢想によれば、聖書の価値の真髄であり、ほかはいずれも、単なる形骸にすぎないからである。しかしさらに形象としての物質界と内的霊的状態との象徴的結びつきにおいて重要なのは次のことだ。すなわちすべての霊はたがいにいまは仮に広がりのある形姿を借りて表象されており、さらに、これら霊的存在すべてのたがいの影響は、同時に霊たちに他の広がりのある存在の外観ならびにいわば物質界の外観を与えることだ。

もともとこの物質界の像は、単に彼らの内的状態の象徴にすぎないのだが、あまりにもはっきりしており、感覚の持続的幻惑をもたらすために、まるでこれらの対象についての現実の感覚といささかもちがわないようになってくる（将来の解釈者は、このことからしてもスヴェーデンボリ氏は観念論者であると解釈するであろう。なぜなら、彼はこの世の物質にも自存性を否定し、したがってこれらのものを、霊界の結びつきによって発生するまとまりのある幻像と考えるかもしれないからである）。

そうこうしているうちに彼は、自分の目で、それもはっきりした光に照らされて目撃した霊たちの庭園、大がかりなもろもろの物品、居住地、画廊、それにアーケードについて語った。また、彼はすべて亡くなった友人たちと彼らの死後、色々と語り合ってきたのだが、とくに最近亡くなった人々は身のまわりに似たような世界があるのを目撃しているために、どうしても自分が死んだという事実が信じられない様子であったと断言している。

さらに彼は、同じような内的状態をもつ霊たちの共同体は、地域の様子にしても、そこにある他の物品の様子にしても同じようだが、ただし、彼らの状態の変化は、場所の変化のような趣きを見せていると述べている。ところで霊たちが人間の魂に、彼らの思考を伝えるときはいつも、物質界の外観と結びついている。したがって根本的にはただ霊的な意味しかもたない思考でもこれを受け取る側では、いかにも現実性を帯びた外観をもつように思われてくる。われらの夢想家スヴェーデンボリ氏が連日、霊たちと交流している際、はっきり目撃しているとしているおそろしく粗野で、しかも何とも表現しようもないほどおかしな形姿の大群もここから出現してくる。

わたしはすでに、われらの著述家によれば、魂の諸力と特性は魂が支配下においた肉体の器官の諸力と共鳴しているということを伝えておいた。これにより外的人間のすべてが内的人間のすべてと完全に適合する。そこで不可視の世界からのいちじるしい霊の影響が彼の魂の諸力のなかの一つひとつの力あるいは、別の力にとくに及ぼされた場合には、彼は内的なものに対応するおのれの外的人間の四肢に霊の影響がはっきり現れてくることを、共感をおぼえつつ感じとる。つねに霊的観照と結びついているおのれの肉体における感覚の多様性を、彼はそこから得られるものと思っているが、このくだりはあまりにも支離滅裂なので、わたしとしてはやっと一例をあげることができるだけである。

これによっていよいよその甲斐がもしあるとすれば、彼の夢想のすべてが結集するきわめて冒険的でしかも奇妙な空想について一つの概念を得ることができる。ちょうどさまざまな力と能力が、魂あるいは内的人間という単位をつくるように、さまざまな霊たち（その主な悟性は、ちょうど一つの霊のなかでいろいろな能力が関係しあっているようにたがいに重なりあって関係している）は一つの共同体をつくるある一人の巨大な人間の様子を示している。その幻像のなかで、各霊は、こうした霊の団体におけるそれぞれ特有の仕事に適したような場所、それぞれ巨人の四肢らしき場所にいることになる。しかしすべての霊の団体をあわせたもの、さらにはすべてこれらの不可視の存在の世界は、最後には再び、もっとも巨大な人間の様子を示すことになる。まことにとてつもなく壮大な空想である。これはおそらく彼の子どものときの表象が延長されたものであろう。

たとえば、学校で、きちんと物事を記憶させるための補助手段として、学童に、世界のある地方の全体について坐っている乙女というイメージをもたせるようなものだ〔たとえばヨーロッパのような土地・訳注〕。このとてつもなく巨大な人間のなかには、例外なく一つの霊がすべての霊に、また逆にすべての霊が一つの霊に、きわめて密接に結びつく共同体がある。さらに、この世における生きている人間の生前の相互関係がどうであろうと、あるいはそうした関係がいかように変化したとしても霊たちは、いずれも、この巨大な人間のなかで、生前とはまったく別の場所を占めている。しかもこうした場所を霊たちはまったく変えることはない。しかも場所といってもそれは無限の空間のなかの一つの位置に、仮に見えるだけで、実際には霊たちそれぞれの関係や作用のこれときまった方式を表しているだけなのだ。

わたしは、相当悪質な夢想家のとてつもない幻想をひたすら模写したり、あるいはこうした作業を彼特有の死後の記述までつづけてゆくことにすっかり飽きてきた。それにわたしには他に配慮しなければならないことがある。そもそも自然関係の蒐集家は、動物の生態の標本用のサンプルとして、異様な姿に生まれついた生物も陳列するけれども、これらをだれにでも、あからさまに展示することについては慎重でなければならないからである。もしかすると好奇心旺盛な者のなかには妊婦もあり悪い印象を与えることにもなりかねない。さらに女性の読者の皆さんのなかには想像妊娠という特別な状態になっている人もいるかもしれない。そうした場合、その女性たちがもしここに書かれていることについて、何か誤解されたらいけないなとわたしは思っている。ところでわたしは本書のはじめから、皆さんに警告しておいたのだが、わたしは不偏不党の立場をとっており、いまのような機会に、多彩多様な空想から生まれてくるかもしれないもろもろの奇胎のことでことさらに皆さんをわずらわせないことを望んでいる。

それにわたしは、わが著述家の夢想に対しておのれの夢想をいささかも挿入したりせず率直に忠実なダイジェストを便利さと思考の経済を重んずる読者の皆さんに提示したわけである（節約を尊ぶ読者はちょっとした好奇心のために、本の代金として箇単に七ポンド・スターリングを犠牲にしようとは思わないであろう）。たしかに直接著作家が見たという記録の大部分をわたしは省略した。この種のとてつもない幻想は、読者の皆さんの夜の安眠の妨げとなるからである。それに彼の陳述の混乱した意味をそこここで、もっと普通の言語で表すようにしておいた。そうはいうもののダイジェストの主な流れは、そんなことでいささかも歪むようなことはなかったはずだ。

それにもかかわらず、だれにもはっきりとわかっている以上、彼の著述が結局は何の役にも立たないことをひたかくしにしても無駄である。なぜなら、本書に出てくる彼の個人的幻視はそもそも証明できないため、これらの幻視と取り組んでゆこうという彼の動機を信用させるべく、彼はおそらく、生きている証人によって確かめられた前述のようなもろもろのケースを引き合いに出すであろう、と推測されるからである。しかしそうした種類のことはどこにも見当たらない。そこでわれわれは「賢く考えるのは多くの場合たやすいことだが、そうできるのも、残念なことにしばらくだまされたあとだ」というややおくればせながら理性的な注釈をつけることによって、いくらか恥かしい思いをしつつこの馬鹿らしい試みをおわらせることにしよう。

わたしは好奇心が旺盛なうえ暇をもてあましている友人のおしつけがましい要望に応じて、およそ感謝されそうもない材料に取り組んできた。わたしは、友人の軽薄さに、わたしの努力を奉仕させたにもかかわらずその友人の期待を裏切った。さらにわたしは好奇心旺盛な人たちや情報提供をしてくれたまじめな探究者を、理性的根拠を示すことによって満足してもらえなかった。もし他の意図がこの仕事をはげまさなかったならば、わたしはただ時間を空費しただけであったろう。それにわたしは、読者の皆さんの知識欲と好奇心をふりだしの無知という地点に、いたずらに、退屈なまわり道をとって、引き戻しただけだったことによって、皆さんの信頼を失ったことになる。

＊　＊　＊

しかしわたしは、実際には、はじめに打ち出した目的よりも、ずっと重要に思われる目的を念頭においており、そのことはうまく達成できたと思っている。わたしが、実はめったには、好意を寄せられていると自慢はできないにもかかわらず、すっかり惚れこんでしまう運命にあった形而上学が二つの利点を示してくれた。その一つは探究心旺盛な精神が、事物のかくされた性質を、理性を用いて究明しようとして投げかける疑問を形而上学が解答してくれることである。しかしこの場合、出された解答にはしばしば期待が裏切られる。今回もまたわれわれがのどから手が出るほど欲しかった解答は出ないままであった。

三回も、のばされた手から形姿は逃れ去ってしまった。
まるでそよ風のような、そして軽いまどろみのような形姿であった。
ウェルギリウス『アエネーイス』II 793

もう一つの形而上学の利点は、人間悟性の性質にいっそう適合しており、そもそも知ることのできる課題が、はっきりきまっているかどうか、さらに、そうした課題が、われわれの判断がすべて、つねに準拠しなければならない経験概念といかなる関係にあるのかを吟味することにある。そのかぎりでは、形而上学は、人間理性の限界についての学問である。

どんな小国でも、多少なりとも国境に囲まれた領土をもっているのであるからそもそもおのれの領土の実情をよくわきまえ、これを保持することの方が、いたずらに領土拡大をはかるよりも重要である。それと同様に、形而上学のこの利点も実はかなりのちになってから、長い経験のあとはじめて達成されたものであり、これまでまったく知られておらず、それでいて同時にもっとも重要なものである。

わたしは理性の限界をたしかに本書でははっきりと規定しなかった。しかしわたしは読者の皆さんが十分に考えられ、いま暮らしている世の中とは別の、あの世に関する資料にいかにしてめぐりあえるかという問題をめぐって無駄な探究をしないですますことになろうとほのめかしておいた。そのようなわけで、わたしはおのれの時間を得るためにおのれの時間を費したことになる。わたしは、読者の皆さんの利益になるために、皆さんをだましてきた。わたしはけっして新しい洞察を提示しなかったけれども本来は賢明な教えと有益な指示が占めるべき狭い場所をいかにも利口そうに、いっぱいに満たした迷妄と空虚な知識を一掃した。

これまでの観察によって何も教えられることなくひたすら疲れただけという人は、かのディオゲネス〔ギリシアの犬儒《けんじゅ》派の哲人。前四一二—前三二三頃・訳注〕が退屈な書物の最後の頁を見たとき、大あくびをしている聴衆に向かって「勇気をもってください皆さん、わたしは陸地を見た」と語りかけたという話を聞いておのれの性急さを制御することができるかもしれない。だが目的地に達する以前にわれわれは、ちょうどデモクリトス〔ギリシアの原子論者の哲人。前四六〇—前三七〇頃・訳注〕のように形而上学のチョウの羽根に運ばれて虚空をさまよい、そこで、霊の姿をした者たちと語り合った。いまや自己意識の凝縮力が、絹のような羽根を閉じたので、われわれは再び経験と通常の悟性という低地の上で、われとわが身を見ることになった。もしわれわれがこの低地をわれわれが罰せられずにはけっして脱出することができない土地であることを悟り、さらにこの土地こそわれわれが有効な事柄にのみ取り組むかぎりわれわれを満足させてくれるすべてを含んでいるとさとるようになれば、なんと幸福なことであろう！

第三章　本論文全体の実践的結末

ありとあらゆる好奇心に駆り立てられ、認識欲に対しては、これ以上は不可能ということ以外のいかなる限界も認めようとしないのは学問知識にとってけっして不穏当とはいえない熱心さである。そうはいうものの、その際提示されるもろもろの課題のうちその解答が人間にとって急務となっているものだけを選び出すのは叡知の功績である。学問は研究分野を開拓してゆくうちに、ついに当然のことながら、不信の念を抱かせられる場所に達し、不本意ながら自ら慎ましく、「わたしが洞察できない事物がなんと多いことだろう」と述懐するようになる。

しかし経験を通じて成熟し、賢くなった理性は、ソクラテスの口を通じ、市場の多くの商品に囲まれつつも、朗《ほが》らかな気持で「わたしがまったく必要としない品物がなんとたくさんあるのだろう」と語るだろう。このような方式によって、まったくちがった性質の二つの努力の流れがついに一本化することになる。もっとも、二つの流れのうちの一方は、虚栄心ばかり強く、不満足であり、他方は落ちつきはらい、満足しているというように、はじめのうちは両者はまったく別の方向をたどっている。なぜなら理性的に選択するためには、人は前もって自ら、なくてすまされること、および不可能なことを知っていなければならないからである。

そうはいうものの、もろもろの学問は、最終的には人間理性の性質に基づいて定められている限界の規定に到達する。だが、それ自体では無価値ではないがただ人間的なるものの領域をはずれたすべての誇大な構想は空虚な片片たるものにすぎなくなる。そうなるといまのところかなり超然としているので、よもやそんなことになるとは、考えられないのだが、形而上学すら叡知の侍女となるであろう。なぜならはるか遠方にあっても洞察が得られる可能性があるとの考え方があるかぎり、賢明な単純さが、あまり努力なんかしない方がよいと叫んでも無駄だからである。知識の拡大に伴われる快適さはやがて簡単に義務に即しているだけだという様子を示すようになり、さらにいろいろ考え、用心をしたあげく現状への満足が生まれる。しかしこれはわれらの人間性を高尚にさせるのとまったく逆の愚鈍な単純さにすぎない。

　霊の性質、自由、宿命、将来の状態といったもろもろの問題は、はじめのうちは、悟性に全力を傾けさせる。それに高尚きわまる性質のものだけにみせかけの見解にはつねにつきものとなっている現象だが人をなんらの区別もなくただやみくもに、思考し、決定し、教示しかつ反論するという思弁競争に巻きこんでしまう。しかしこれらの探究が、おのれ自身の、手続きについて判断し、単に対象ばかりでなく、対象と人間悟性との関係も知っている哲学内部で行なわれると、限界がいっそう狭められ、けっして探究を本来の領域からはみ出させないような境界のしるしが置かれることになろう。

　普通きわめて便宜的かつ日常的に扱われている概念を取り巻くもろもろの困難を知るために、われわれはいくつかの哲学を必要とした。別のいくつかの哲学はさらにこうした洞察が生み出したみせかけの形象を遠ざけ、これらは人間の視界の外にあるということをわれわれに確信させた。なぜなら、原因と結果、主体と行為との関係について、哲学はまず複雑な現象を解明し、これをもっとあっさりした観念に仕立てあげることに役立っているからである。しかし最後に基本的関係にたどりついたとき、哲学の仕事は終了する。何が原因か、何が力をもっているかといった疑問は、けっして理性によって解明されず、これらの関係はひたすら経験から取り出されねばならない。なぜならわれわれの理性の規則は、ただ同一性と矛盾にのっとる比較によってのみ働くからである。しかし何物かが原因であるかぎり、この何物かによって他者が措定される。したがって、けっして一致によるいかなる連関も見出されない。

　そこで、たとえばわたしがこの何物かを原因として見ようとしないときでも、けっして矛盾は生じない。なぜなら、たとえば何物かを止揚するため他の何物かが、措定されても、なんの矛盾にもならないからである。したがって原因としての事物の基礎概念や、力や行為の基礎概念は、それらが経験から取られたのでなければ、まったく恣意的であり、証明することも、反論することもできない。

　わたしは思考と意志がわたしの肉体を動かしていることを知っている。しかしわたしは単なる経験としてのこの現象をけっして分析によって他の現象に還元することはできない。したがってこの現象をたしかに認めはするものの、けっして、理解するわけではない。わたしの意志がわたしの腕を動かすということは、だれかが、自分は月の回転をとめることができると豪語するときより、はるかにわかりやすい事柄ではない。そのちがいはただ、わたしは前者を経験するが後者はけっしてわたしの感覚のなかに現れないということだけである。わたしはおのれという生きている主体のなかのもろもろの変化、すなわち思考、随意などを認める。そしてこれらについての規定が総じてわたしの肉体という概念をなすものすべてとまったくちがった種類のものであるために、わたしは正しくもそれを非物質的な持続性のある存在と考える。だがそれらがさらに肉体との結びつきなしに考えられるかどうかは、経験によって認められたところの性質を通じてはけっしておしはかることはできない。わたしは自分と同じ種類の存在と物質的法則の仲介によって結びついている。しかしわたしが、他のとき、すなわち霊の法則とわたしが名づけたまったく別種の法則によって、彼らと何の物質的仲介もなしに結びついているかどうか、また将来もそのような有様になるかどうかは、いまわたしに与えられている材料からはけっして推理できない。

いかにしてわたしの魂が肉体を動かすかとか、いかにしてわたしの魂が、同種の別の存在と現在あるいは将来交渉をもつかといった種類の判断は、まったくでっちあげ以外の何物でもなく、断じて、自然科学で仮説と名づけられている判断のような価値をもっていない。自然科学の仮説にあってはけっして基本的な諸力ではなく、経験によってすでに知られており、もろもろの現象の一つに適当な方式で結びついている諸力が考え出されるわけで、その可能性はいつなんどきでも証明されなければならない。

これに反し、第一の場合にはその可能性について何の概念ももつことができない。したがってここでは創造的といおうか、渾沌といおうか、何と形容してもけっこうだが、まったくの架空の原因と結果の新しい基本的関係が受け入れられなければならない。こうして受け入れられた基本理念から生まれた各種の本物のあるいは本物だとされている諸現象の明白さは、基本理念にとっては何らの利益にはならない。なぜなら好きなようにもろもろの活動と作用の法則を考案することが認められている以上、容易にすべてについて根拠をあげることができるからである。

したがってわれわれはおそらく来世においては新しい経験と新しい概念を通じて、われわれの思考する自我のなかでまだわれわれにかくされている諸力について教えられるまで、ただ待つほかないだろう。かくして、最近のもろもろの観察は、数学的に解明されたあと物質の引力について明らかにしたが、その可能性については（何としても引力は基本的な力と思われているため）けっしていっそう洗練されたいくつかの概念を得ることができないであろう。経験に基づいた証拠を手に入れたわけでもないのに、前もってこうした特性を考案する者は当然のことながら馬鹿者として嘲笑されることになろう。このような場合における理性の根拠は可能あるいは不可能を考え出し、たしかめるためには、まったく何の意味もない。ここで、ただ経験にのみ決定権が認められることとなる。

たとえば、このところ賞讃されている歯の疾患に対する磁石治療の効果の問題がある。これなども、磁力のある棒が、以前から、鉄や鋼に作用することが知られるのと同じように、骨や肉に作用するということを、多くの観察が示すことができるようになったときはじめて、その真偽決定がなされるのだが、わたしはそうした経験をもたらしてくれる時間をひたすら待つばかりなのだ。しかしある種の経験がけっして大多数の人々のあいだで意見の一致がみられている感覚の法則の下に従わず、したがって感官による証明をしようとしても不規則性だけがたしかめられたとき（世間に流布している幽霊実話が実際にそのような具合になっている）こうしたいわゆる経験など拒否するのが賢明である。なぜなら一致とか一様ということがなければ、歴史的認識からはすべての証明力が失われ、それを悟性が判断できるなんらかの経験法則の基礎とすることにはまったく役立たないからである。

一方では、たとえば深い探究などによって、われわれが述べている場合に関しては、確実かつ哲学的な洞察など不可能だと見抜くことが学びとられたのだが、他方、落ち着いた偏見のない心境に立てば、こうした洞察などなくてもよいのだ、不必要だと告白しなくてはなるまい。学問上の虚栄心は好んで、重要だからという口実の下におのれの仕事ぶりを弁解しようとする。そこでこの分野でも、普通、魂の霊的性質についての理性的洞察は、死後の存在を確信する上に必要であり、さらにこの確信は有徳な生活を送る動機にとってきわめて重要であると言われている。しかし暇をもてあましている好奇心はこれにつけ加えて、もろもろの死霊現象がいかに正しいかは、とくに経験に基づく特定の証明から、わかってくるだろうと言っている。

しかし真の叡知には単純さがつきものである。その場合心情が悟性におきてを与えるため、このおきては普通、学問の重装備を必要とせず、目的達成のためには、すべての人の手にあまるような手段がいらなくなる。なぜか？　そもそもあの世があるからこそ、善良、有徳であらねばならないのか？　それともむしろもろもろの行為は、それ自体が、善良、有徳であるときは、いつかは報われるのではなかろうか？　人間の心は、直接道徳的なおきてをもっているのではないのか、そして人は、おのれをこの世で道徳的規定に従って行動させるために、どうしてもあの世に装置をしかけなければならないのか？　もしあの世で罰を受けるということがなかったとすれば、おのれの好み通りに悪習に平然として従っている人はおそらく、公明正大で、有徳ということになるのだろうか？　むしろ、こうした人物はたしかに悪事を働くことをおそれているけれども、おのれの魂のなかには罪深い考えが巣食っており、有徳に似た行為の利点は認めているが、有徳自体を憎んでいると言わねばならないのか？　さらに実際に経験は、あの世について教えられ、その存在を確信している多くの人々も、やはり悪習に染まり、卑劣なこともやっているが、ただ死後のおそろしい応報をうまく逃げ出す手段をあれこれ考案していることを教えてくれる。

そうはいうものの死んでしまえばすべてが終わりだとの考えに耐えられず、持ち前のけだかい人情に基づいて未来に希望をつないでいないようなすぐれた魂の持ち主はけっしていなかった。したがってあの世への期待はすぐれた性質をもつ魂の感覚によるものだとする方が、逆に良い行為は、実はあの世への期待があるからだとするよりも、人間の性質と、道徳の純粋さにずっと適しているように思われる。

道徳的信仰も同じような事情にある。これは単刀直入に人間を真の目的に導いてくれる。その率直さ、単純さは理屈をこねる人間の多くの気のきいた行き方を不要にし、しかも、あらゆる状態における人間に適応することになる。したがって遠い彼方にあるもろもろの対象についてのすべてのこざかしい教説など暇で困っている人々の思弁や心配に委ねようではないか。こうした教説はわれわれにとってはどうでもよい事柄であり、これをめぐって賛否両論が打ち出す一時的なみせかけの根拠は、おそらく、諸学派に賛否いずれかの立場を決定させるだろうが、公正な人々の未来の運命について何かを定めることなど一切ないであろう。

それに人間の理性もわれわれにあの世の秘密をかくしているあの高い雲を、眼前から取り払うことができるほど高揚することはない。さらに熱烈にあの世を渇望する好奇心旺盛な人々に対しては彼らがあの世に行くまで、じっくり待つことに甘んじるならば、それがいちばん得策だという、単純だけれども、きわめて自然な回答を与えることができよう。そうはいうもののあの世におけるわれわれの運命は、おそらくわれわれがこの世におけるおのれの立場をいかに保ってゆくかということにかかっているらしく思われることからしても、わたしは本論文をかのヴォルテールがあの誠実なカンディードに、多くの無駄な学問論争のあと最後に言わせた「われわれはおのれの幸福の心配をしよう。庭に行って働こうではないか」という言葉をもって閉じることにする。

参考資料①

『神秘な天体』（抜粋）

エマニュエル・スヴェーデンボリ

いかにしてもろもろの霊が、この世をのぞくことができるようになるのか。

霊たち、それにもまして天使たちは、彼らの視覚すなわち霊の目では、この世に存在する何物をも見ることはできない。彼らにとってこの世の光、あるいは日光は真っ暗闇のようなものだからである。それと同様に人間も、その視覚、すなわち肉体の目では、あの世の何物をも見ることができない。人間にとって天界の光、あるいは主のいます天界の光は真っ暗闇同然だからである。

だが、それにもかかわらず、霊たち、天使たちは、主がお気に召したときこの世の事物をある特定の人間の目を通して見ることができる。しかしこの能力を主から認められた者は、主が霊や天使たちと語り合い彼らと共存することをお許しになった人間に他ならない。すなわちこのわたしの目を通じて彼らはこの世にある事物をわたし自身が見るのと同様にはっきり、見ることができ、また他の人々がわたしと語るのを聞くことができる。ときには彼らが生前交際していたいくたりかの友人を、以前と同様、わたしを通じてはっきり目撃して、たいへん驚くことがある。また彼らは霊となった自分たちの妻子を見ながらわたしに対し「自分がいまここにいて、お前たちを見ているのだとどうか妻子に言ってくれ、さらにあの世における霊の状態を教えてくれ」と望むのだ。

しかしそんなことを霊となった妻子に語り、また生きている彼らが霊に見られていることを告げるのは、わたしには禁じられている。それに世間の人々が、わたしを狂人だとか、わたしの視霊は妄想にすぎないとか言うことについてはちゃんとした理由があるのだ。さらに彼らが口でこそはっきり言わないけれども心のなかでは霊があることや、死者が復活することなどを信じていないのをわたしは、よく知っている。わたしの内的視覚が開かれ、霊や天使たちがわたしの目を通じてこの世と、この世の中の事物を見ると彼らはあまりにも驚くため、これはまさに奇跡だなどと言い、しかもこの方式で、大地と天界、そして天界と大地との交流が行なわれることをたいへん喜ぶのだ。しかしこうした喜びはたかだか数ヵ月つづくだけで、すでにこれが日常茶飯事となったときは、もはや驚こうとはしなくなる。

天使や霊たちは、他の人間を相手どったのでは、この世の事物をまったく見ることができず、たかだかその人間の思考や感情を知ることができるだけだとわたしは教えられた。このことからも、人間は地上にいるあいだは人間たちのあいだで暮らし、同時に天界においては天使たちと共に暮らすようになること、またその逆も正しいことがわかる。そのために天界と大地は共存でき、一つのものに融合する。さらに人類は、天界にある事物を知らねばならず、逆に天使たちはこの世の事物を知らねばならない。それに人間は死後、地上における主の国から、天界における主の国へと赴かねばならない。だが、何も別個の国に行くのではなく、彼らが生前肉体と共に生きていた国とまったく同じ国に住むことになるのだ。だがあまりにも肉体的である人間には、天界は閉ざされている。

肉体の外にあること、そして霊によって別の場所に運ばれることとは、いったいいかなる意味なのか。

おそろしく変わっている二種類の視覚がある。わたしもそうした視覚を備えたことがある。それはひたすら「彼らは肉体から遠ざかり、そして霊によって別の場所に連れてゆかれた」という文章がそもそもどのような状況を言おうとしているのか、そしてこれをいかに理解すべきかを知るためであった。

文章の最初のくだり、つまり肉体からの離脱については次のとおりである。人間はその際、睡眠と覚醒との中間状態に置かれる。そしてこの状態にあるとき、その人は、自分が完全にめざめているということ以外何もわからない。すべての感覚は、肉体がはっきりめざめているときと同様、敏感で、視覚、聴覚はいわずもがな、注目すべきことに触覚も、普段肉体が覚醒しているときよりもかえって敏感である。この状態においては、霊や天使たちをまったく生き生きと〔わたしは〕見聞し、さらに注目すべきことに触れることさえできる。しかもそうなった暁には、肉体はほとんどと言っていいほど、活動していない。この状態は、人が肉体から離脱し、自分がそもそも肉体のなかにいるのかそれとも外にいるのかわからなくなるような有様だといわれている。この状態にわたしも三、四度なったことがあるが、それもただわたしがこの状態はそもそもどんな有様かということ、さらに霊たち、天使たちが各感覚、とくに肉体の触覚よりもずっと強力かつ鋭敏な触覚の醍醐味をたのしんでいたかどうかを知るためであった。

文章の次のくだり、霊によって別の場所に連れ去られる件についても、生き生きとした経験を通じて、わたしにはそれが何であるか、いったいどのような状況なのかが示された。ただわたしはそれを二、三度経験したにすぎない。ここでわたしはひたすら経験したことだけを伝えるつもりだ。ある都市の街路、それに広野をさまよいつつ同時に霊たちと語りあいながら、わたしは自分が、他の時と同様、きわめてはっきりめざめ、かつ見ていたこと以外は何も知らなかった。こうしてわたしは迷うこともなくさまよいつづけた。そうこうしているうちにわたしは、自分が森、川、宮殿、家屋、人々、それに他の多くのものを見たが、数時間さまよったあと、自分が突然肉体の視力で見ており、別の場所にいるのに気づいた。それにはまったく驚かされた。わたしは、自分が「彼らは霊のなかで別の場所に連れ去られた」といわれる状態にあるのに気づいた。この状態がつづいているかぎり、途中の道程をたとえそれが何マイルに及ぼうとも、まったく考えない。また、たとえその内、何時間何日かかろうと、経過した時間のことなどまったく考えないのだ。それに疲れを一切感じないままこうして人は自分がまったく知らない道を、きまった場所まで導かれる。こうしたことも人はいったいどこから、どこへということが一切わからないまま主によって導かれることがありうるということを、わたしが知るために起こったのだ。

しかしこの二種類の視覚は異常であり、どのような有様になっているかをわたしが知るために最後までわたしに示されたのだ。これに反し、通常の視覚は、人が主のありがたいご慈悲のおかげで与えられているものを見るということにつきる。これはいわば第一巻それも各章のあとの方につけ加えられていることでなく、はじめに書かれていることだ。しかし通常の視覚とは（内的）視覚ではなく、たしかに何年もつづくが、たかだか肉体覚醒時における（外的）視覚にすぎない。

参考資料②

シャルロッテ・フォン・クノープロッホ嬢への手紙　イマヌエル・カント

たとえわたくしがこれからあつかう問題について、いっそうくわしい調査は不必要であると考えているとしても、女性の鑑ともいうべきあなたのご命令に従い、お求めになっている報告の提出を実行する栄誉と喜びをいつまでもほっておく気持は毛頭ありません。わたしが取り扱う物語の内容は、ありとあらゆる優美さにとりかこまれ美女の部屋のなかに入ってゆくことも許されているのが通例であるに違いないもろもろの物語のそれとはまったく違った性質のものです。わたしはこの種の物語が浮彫りにする形象は幼少時教育を受けたとき得たもろもろの印象を再びよみがえらすような恐怖感をもたらす一方、物語をお読みになる賢明な貴婦人の方々ならば、これらの形象を正しく応用することによって得られる、快適さをけっして失われないだろうと確信します。

もしわたくしがこのように確約しなかったならば、この報告を読まれているうちに普段は満足したおおらかさで全世界をながめられるあなたの朗らかなお顔を一瞬、荘重なきまじめさが歪めてしまうことになるかもしれませんね。慈愛深いあなたは、どうかわたくしがこの問題への取り組み方を自ら正当としていることをお許しください。なぜなら低俗な迷妄にそそのかされ、わたくしがこの方面の物語を捜し出し、とくにきめこまかい吟味もせずにそのままそっくり承認するのではないかと思われるおそれがあるからです。

わたくしが神妙不可思議な事物に傾倒する心情、あるいは簡単に物事を信じてしまう弱点の痕跡をもっていることをだれかがいつか気づいたかどうかはわかりません。ただ確実なのは、多数あることが知られている幽霊物語や、霊界のもろもろの動きにもかかわらず、わたくしとしては、常に健全な理性の規則に対し、もっとも適切な態度をとることを心がけており、どちらかといえば、あのようなことを否定する側に立とうとしているということです。それは何もわたくしがこの種の事物が不可能であることを見ぬいたと考えたからではなく（なぜなら霊の性質については、まったくわずかなことしか知られていないではありませんか？）、むしろこの種の事物がすべて十分に証明されていないからです。それにこの種の霊の現象がまったく不可解であり、あまつさえ無用であるという意味で難点が非常に多いうえに、露呈されたいかさまや軽率さがあまりにもひどいため、もともとめんどうなことを好まないわたくしとしては、こうした問題のためにのこのこと墓場や暗闇のなかにでかけて、恐怖体験をもつのは賢明ではないと考えました。これが、スヴェーデンボリ氏の情報となじみになるまで長いあいだ、わたくしの心情のなかに占めていた立場でした。

この情報をわたくしは友人でもあり、かつてわたくしの聴講者であったデンマークの士官から入手しました。彼はコペンハーゲン駐在のオーストリア公使、ディートリッヒシュタイン伯爵の宴会の席上、オーストリア公使がその頃、ストックホルム駐在のメクレンブルク公使、リュッツォウ男爵からもらった手紙というものを他のお客とともに読みました。リュッツツォウ男爵がオーストリア公使に伝えたところによりますと、男爵は、スウェーデン女王のもとに派遣されたオランダ公使のパーティーで、あなたがすでにスヴェーデンボリ氏についてご存知の奇妙な実話に、自ら遭遇しました。この種の情報がたしかなことはわたくしを驚かせました。なぜなら、一国の使節が他国の使節に自分が駐在している女王の宮廷〔スウェーデン宮廷・訳注〕にまつわる情報、それも真実でない情報を、公けの使用に供するために送るとはとうてい考えられないからです。また相手の公使は、大勢の仲間と同席していたかもしれません。いまや幽霊や幻想にまつわるもろもろの偏見を、新しい別の偏見によってやみくもに非難したりしないように、わたくしは、この実話をもっとくわしくしらべるのが賢明だと思いました。そこでわたくしはコペンハーゲンにいる例の士官に手紙を出し、彼にありとあらゆる調査を依頼しました。彼は、自分がこの問題について再度ディートリッヒシュタイン伯爵と話し合ったこと、それにこの事件は、まったく疑う余地がないとシュレーゲル教授も請合ったように、実際に手紙どおりに起こったことなどを答えてきました。

さらにそのころ彼が、サン・ジェルマン将軍の下で出陣していたという事情もあるため、もっともくわしいことを知るには、わたくしが自分でスヴェーデンボリ氏に手紙を書くべきだとすすめました。そこでわたくしはこの奇妙な人物に手紙を書きました。この手紙はストックホルムに住むあるイギリス人商人から本人に手渡されました。同地からの知らせによりますと、スヴェーデンボリ氏は、手紙を好意的に受け取り、返事をすると約束したそうです。しかしいまだに返事はもらっていません。そこでわたくしは、昨年の夏この地に滞在した上品なイギリス紳士に対し、深まったたがいの友情に甘えて、ストックホルムに旅行したおり、スヴェーデンボリ氏の不思議な才能についてくわしくしらべてくれるよう依頼しました。この人の最初の報告によると、前述の事件は、わたくしがすでにあなたにお伝えしたように、ストックホルムの上流社会の人々の供述とすっかり一致したそうです。彼はそのときスヴェーデンボリ氏とは話し合いませんでしたが、何とか話し合いたいと希望しました。もっとも彼には、この都市のもっとも賢明な人々が、スヴェーデンボリ氏と見えない霊界とのひそかな交渉について語っていることがすべて本当であるとは、とうてい信じられませんでした。

ところが、彼の第二の手紙はまったくちがっていました。彼はスヴェーデンボリ氏と単に話し合ったばかりではなく、氏の自宅を訪れすべての奇妙な事柄に接してまったく驚かされたそうです。その手紙によると、スヴェーデンボリ氏は理性的で親切、しかもおおらかな人柄の学者だそうです。そしてわたくしの友人は、近く同氏の著作のいくつかを送ってくれると約束しました。彼は、なんらの留保もなく、神がスヴェーデンボリ氏に、好むがままに死霊と交流する特別の素質を与えてくださったと述べました。彼はそれについて注目すべき証拠を引合いに出しました。カントからの手紙はどうなったのだと注意を促されると、スヴェーデンボリ氏は「たしかに手紙は受け取った。もし自分がこの奇妙不可思議な事柄を広く全世界の人に知らせようと考えなかったならば、すでに返事を出していたであろう」と答えました。スヴェーデンボリ氏は、ことしの五月ロンドンに赴き、おのれの著作を刊行する予定だがこの著作のなかでカントの手紙に対する回答がすべての項目にわたって出てくるだろうというのです。

慈愛あふるるあなたに出来事全体について存命中の公衆が証人であり、わたくしに報告した人物が直接現場でしらべることができたと言っている二、三の証拠をお目にかけるために、どうか次の二つの出来事をお読みください。

ストックホルム駐在のオランダ公使未亡人マルトヴィーユ夫人が夫の死後、夫が生前つくらせたという銀製食器セット代金の支払いを金属細工師クローンから催促されました。未亡人は夫が、債務を未払いのままにしたにしてはあまりにも几帳面なきちんとした性格の人であったことを確信していましたが、領収書を示すことができませんでした。それにしても代金の額が大きく、困ったあげく彼女は、スヴェーデンボリ氏を自宅に招きました。いくらか弁解したあと彼女は、スヴェーデンボリ氏に、だれもが言っているようにあなたは死霊と語れるという特別な才能をおもちだそうですから、いったい銀製食器セットの支払いがどうなっているか死んだ夫にあってしらべてくれませんかと頼みました。彼は彼女の頼みを引受けるのにやぶさかではありませんでした。三日後この未亡人は自宅でコーヒー・パーティーを開きました。その席上にスヴェーデンボリ氏が姿を現し、いかにも平然とした態度で彼女のいまは亡き夫と語り合ったと報告しました。それによると債務は、彼が亡くなる七ヵ月前に支払われており、問題の領収書は、上階の一室のある戸棚のなかにおさめられているというのです。未亡人はこの戸棚のなかはすっかり空になっており、すべての書類のなかにも問題の領収書はなかったと答えました。これに対しスヴェーデンボリ氏は、彼女の亡夫が左側の引出しをあけると板切が見えるがまずそれを除去しなくてはならない、するとそこに秘密の引出しがあり、そのなかにオランダ国家の秘密書簡類がかくされており、例の領収書も一緒におさめられていると伝えたと言いました。この指示に従い、未亡人はパーティー同席者全員を引き連れて上階に昇り、例の引出しをあけ、言われたとおり探しますと、未亡人がまったく知らなかったもう一つの引出しがあり、一緒に来た全員が驚いたことに、問題の書類がおさまっていました。

しかし次の出来事はわたしにはなによりも証明力を備えているように思われます。これは実際に考えられるありとあらゆる疑念を一掃してしまうでしょう。たしか一七五六年のことです〔本書九三頁では一七五九年となっている・訳注〕。スヴェーデンボリ氏は九月のおわりの土曜日の午後四時、イギリス訪問を終えてイエーテボリに上陸しました。ウィリアム・カステル氏が彼を自宅に招きました。そのとき一五人の同席者がありました。夕方の六時、スヴェーデンボリ氏は屋外に出たあと顔面蒼白となり、うろたえながら応接間に戻ってきました。彼によると、ちょうどいまストックホルムのゼーデルマルム地区で、大火事が起こり（イエーテボリはストックホルムから五〇マイル〔約八〇キロ・訳注〕はなれています）猛火がひろがっているというのです。彼は落ち着かず、何度も屋外に出ました。彼は名ざしで自分の友人の家はすでに焼け落ちて灰になり、彼の自宅にも危険が迫っていると言いました。彼が再び屋外に出ました。午後八時、戻ってきていかにも嬉しそうに、幸い火事は彼の自宅から三軒目のところで消しとめられたと言いました！——この報道は全市にひろがりました。とくに同席者たちをひどく動揺させ、このニュースはすでにその夜のうちに知事のもとに達しました。翌日の日曜日、スヴェーデンボリ氏は知事のもとに呼ばれました。知事がこの件についてたずねますと、スヴェーデンボリ氏は火事がどのようにして発生し、どのようにして終熄し、その間どれくらいつづいたかをくわしく伝えました。

同じ日のうちにニュースは全市に広がりましたが、何としても知事がこの一件を問題にしたこともあずかって、大きな動揺が起こりました。多くの人々は、友人たちあるいは財産の成り行きが大いに心配になってきました。月曜日の夕方、ストックホルムの商人が火災の最中に送り出した騎馬伝令がイエーテボリに到着しました。伝令がたずさえた手紙のなかでは火災の有様はちょうどスヴェーデンボリ氏が語ったのと同じように記されていました。火曜日の朝国王の急使が、火災と被災状況、とくに被災家屋についての報告をたずさえて知事のもとに到着しました。報告はスヴェーデンボリ氏が同じ時間に伝えたことと少しもちがっていませんでした。なぜなら火事は八時に消されたからです。

この出来事が信用できないとどうして主張できましょうか？　このことを手紙で伝えたわたくしの友人は、すべてのいきさつをストックホルムばかりでなく、二ヵ月にわたりイエーテボリでも調査しました。同市では、彼は有力者たちをたいへんよく知っておりましたし、この事件からわずかしかたっていなかっただけに、大多数の証人がまだ存命中でしたので彼はいわば全市民からきめこまかく事情を教えてもらいました。それと同時に彼は、スヴェーデンボリ氏の供述にしたがい、同氏と霊たちとの交流の方法、それに死人の霊がどのような有様になっているかについての同氏の考え方などに関する報道をわたくしにもたらしました。こうした素描は奇妙きわまるものでした。しかしそれについてくわしく書くだけの時間がありません。わたくしはこの不思議な人物に自ら質問できればいいと切望しています。なぜならわたくしの友人はこうした問題について、多くを解明してくれるような方法についてはあまりよく知らないからです。わたくしはスヴェーデンボリ氏がロンドンで刊行するはずの著述を待望しています。この著述が印刷されたとたんに入手すべくわたくしは、あらゆる準備を整えています。

これが、いまわたくしがあなたの高貴な好奇心を満足させていただくためにお伝えした事柄です。あなたがこうした曖昧な事柄に対して、わたくしがどんな判断をあえて下すかについてご存知になりたいかどうかわかりません。しかしわたくしのように、わずかな才能しかもたない者より、はるかにすぐれた知性を備えた人でも、この問題についてはあまり確実なことは言えないでしょう。しかし、わたくしの判断がどんな意味をもっているにせよ、あなたのご命令に従っているわたくしは、なんとしてもあなたが農村に住んでおられる関係上、これを口頭で報告するわけにゆかないので、手紙で伝えさせていただくことになったわけです。わたくしはとり急ぎ不器用に執筆したため実際にあなたをすでに長いことおひきとめしてしまいました。そのためわたくしはあなたに手紙を書かせていただくお許しを早くも乱用してしまったのではないかと恐れています。もっとも深い尊敬をこめて

草々

〔訳注〕 レクラム文庫によれば、この手紙は一七五八年に印刷されたとされるボロフスキーの『カント伝』にのっているという。手紙を受け取ったシャルロッテ・フォン・クノープロッホ嬢は、農村に住むきわめて好奇心の強い女性であったことが知られている。

ともかくこの手紙によってカントとスヴェーデンボリの関係が明らかにされた。彼はそのなかで、きわめて控え目な態度をとりながらも、おのれのこの方面の探究がどのくらい進んでいるかを述べている。ドイツのスヴェーデンボリ信奉者は、カントがひどく控え目な態度をとったのは、実はもともと心霊主義者であったのに、のちに哲学的邪道に導かれたからで「カントが超感覚的なるものへ達する能力を奪われ、感覚的欲望にとらわれた結果、ついに生命を失った様子をわれわれは見てきた」と主張しているという（ウーヴェ・シュルツ『カント伝』一九六五年、ハンブルク）。

なお、この問題についてはボロフスキーの『カント伝』やケールバッハのレクラム版『視霊者の夢』の序文、それとエルンスト・ベンツ『ドイツにおけるスヴェーデンボリ――F・C・オエティンガーとイマヌエル・カント両人の、エマニュエル・スヴェーデンボリの人柄ならびに教説に関する論争』（フランクフルト、一九四七年）などにくわしく記されているという。

訳者あとがき

カント哲学はドイツ観念論の精髄であり、とくに日本ではその三批判『純粋理性批判』（一七八一年）、『実践理性批判』（一七八八年）、『判断力批判』（一七九〇年）は、専門の哲学者ばかりか、一般教養人の必読の書とされ熱心に研究された。なかでも注目されたのは『純粋理性批判』に展開された認識論であり、それが西田哲学をはじめ、日本の哲学に大きな影響を与えたのは周知のとおりである。

それと共にカント的な生き方、とりわけ義務を重んじ、自らの幸福や快楽を問題にしないという「当為の道徳」が評価され、またカントの美学論も日本の知識人の芸術批判のよりどころとされた。

このように三批判が重視された結果、若きカントの思想形成はどちらかというと看過されるきらいがあった。

しかし戦後日本のカント研究にも大いに幅が出たようであり、初期カントの研究もさかんになった。それはひとつには、これらの若いカントの著作がボロフスキーも述べているように、『純粋理性批判』はじめカントのその後の著述の萌芽を含んでいることが認識されるようになったからであろう。

それと共に若いカントが三批判執筆の頃とちがって、実に軽妙、ユーモラスな筆致で多くの著作を発表したことが、木星人の方が地球人よりも利口でデリケートだという「天体の居住者について」というSF風のエッセーなどから痛感されるようになったからだ。

ところで視霊についての、カントの見解は『視霊者の夢』および、二、三の書簡のなかにくわしく書かれている。

カントはスヴェーデンボリの「空想」もさることながら、それと共に当時の深遠な学者たちの態度をも批判している。彼らは好んで霊界の諸事象について語り、空想と思弁をたくましくして議論に熱中し、たがいに洞察の深さを競いあう。そのために精密な大理論体系が構築されたりするが、もともと対象が経験をこえた事柄であるだけに、見解は各種各様であり意見の一致は見出しがたい。カントによればこのような空まわりの議論が展開されるのは、問題が経験的認識の対象となりえないからである。一般に経験において感官にあらわれることのないものをわれわれは認識することができない。なかんずく霊的な事柄はわれわれの経験をはるかにこえている。したがって超越的な認識不可能の事柄については、もっぱら「わたしは知らない」と答えなければならない、とカントは言う。

ここで言う経験とは、カントにとって普通人の経験を意味している。たしかに視霊現象もその信者にとっては、一種の経験であるかもしれないが、それには普遍性が欠ける。普通人が日常生活のなかで出会うことのできる共通の経験を足場にして考えることによって、霊の問題についての困難な思弁的論証からぬけだすことができるとカントは考えた。

だがカントは霊的事物が経験的概念でないからといって、その可能性までも直ちに全面的に否定するような性急な断定は避けた。そして「わたしとしては、この世に非物質的存在があると主張し、わたしの魂もこうした存在のクラスに入れておきたいという気持になっている」と述べている。

もっともカントの言う霊界は、叡知界ともよばれるプラトン的なイデアの世界である。道徳的な原動力もこれに準拠している。人間はたとえ時には利己的な傾向のために圧倒されることがあっても、その本性のどこかに公共的な道徳的原動力が支配している。こうして人間はきわめてひそかな動機のなかでも、普遍的意志の規則に依存している。これが霊的な法則であり、それにしたがってあらゆる思考者の間に、道徳的統一と組織的体制が成立する。そして普遍的意志と合致するように、人間の意志を強制する心情がいわゆる「道徳的感情」にほかならないとカントは説く。

このようなカントの霊界は、超能力によってスヴェーデンボリによってのぞきみられたいかにも神秘的な霊界とはまったくちがったいわば抽象的な観念の世界である。これらの経験についての考え方、道徳についての見解は、カントの後年の批判哲学の萌芽がみられるともいわれているが、とにかく「訳者まえがき」で紹介したようなスヴェーデンボリの「霊界」などは、カントには奇妙な妄想に思われたことはたしかだ。それにそもそも両者の出会いはまったくしっくりいかなかった。

スヴェーデンボリの視霊者としての評判が高まると共に、カント自身も彼に対する関心を高めた。それにカントは当時すでに、有名な著述家として他からの質問や照会に答える必要もあった。カントはそこでスヴェーデンボリと個人的に書簡をかわしたいと思ったが、スウェーデンの神秘家は返答せず、仲介者を通じて、カントのもろもろの質問は近く刊行される『神秘な天体』八巻のなかでくわしく回答されると伝えてきた。カントは、視霊者の評判の根拠、この特別な霊能にかかわる事実などを問いあわせていたのだが、カント自身が『神秘な天体』を購入したあと、果してそこから適切な回答がえられたかどうかは疑わしい。ともあれ、カントは好奇心の強い人々の執拗な懇請を受け入れ『視霊者の夢』の発表に踏みきったという。その間の事情は本書二三頁にあるので、その部分を読んでいただきたい。

彼はスヴェーデンボリを批判するときには、同時にその頃の形而上学者たちに対する攻撃を怠らなかった。彼によればこれら形而上学者の所説はスヴェーデンボリの幻視と共通した所をもっている。この理性の夢があまりにも現実ばなれしているので、本来現実世界に対している悟性、分別は消滅し、理性ばかり高揚してしまう。他方スヴェーデンボリのもろもろの空想は同じ夢でも、感覚の夢に由来しており、これは異常にとぎすまされた感覚と言ってもよい。ただし形而上学者たちの夢とちがってスヴェーデンボリの夢想には一滴の理性すら含まれていないのだ。カントは次のように述べている（本書一〇一―一〇二頁）。

「かくして彼の大著述のなかには、もはや一滴の理性も見当たらない。それにもかかわらず、彼の著作には、理性的な慎重な吟味が似たような対象について行なった結果との不思議な一致がみられる。そこで、わたしが、多くの他の蒐集家が自然のたわむれのなかでめぐりあうような奇妙なものを彼の想像のなかで見出したとしても読者の皆さんはお許しくださるであろう」。

なお、レクラム文庫では、カントの論文のあとにもろもろの批評や論文がのせてあるが、本書では重要な資料として、スヴェーデンボリの小論とカントのクノープロッホ嬢への手紙のみをのせておいた。

ともかく一八世紀後半のスヴェーデンボリ対カントの思想戦は、これでおわったわけではない。もちろん、カントにそれ以後の思想的発展があるし、スヴェーデンボリも死ぬまでもろもろの霊界をめぐる構想をよりつくりあげたのはたしかだ。しかし両者の対立はその後も、延長戦の形をとって今日まで続いていると思う。ただし、カントやスヴェーデンボリなどと同じ構想、同じ論旨というわけではないが、理性と超能力、現実と夢想のいずれを実現するか、そして道徳的行為をはじめ実践的な面でも、そのいずれに準拠するかは、今日、ますます主要な問題になってきたように思う。

なおこの機会にラテン語はじめ古典語の翻訳にご協力いただいた哲学者の田原八郎氏、本書刊行の機会を与えてくださった論創社の森下紀夫氏に深い感謝の気持を表したい。

金森誠也

学術文庫版の訳者あとがき

私が一九九一年、論創社から『霊界と哲学の対話』と題し、レクラム版のカント『視霊者の夢』を翻訳出版してから二十年あまりたった。今回、講談社学術文庫から、それを大幅に改訂した本書が出版されることになったのは、私にとって望外の喜びである。それというのも、視霊という現象は、今日でも、人間の、精神的活動の中でも、重要な要素とみられているからである。それに今回は私が前書で訳出した多くの参考資料のうち、最も重要と思われる二件のみを取り上げたため、かえって、本書が、軽快、簡便な読みやすい書物になったと思うからだ。

ところでこの二十年間に、私の視霊者研究にとって重要と思われる出来事が二つあった。

その一つは今からおよそ八年前、私がスウェーデンを訪れた際、ウプサラにある大聖堂で、視霊者・スヴェーデンボリ（一六八八―一七七二）の石棺（Sarkophag ザルコファーク）に接したことである。壮麗な大聖堂の一隅に安置された石棺は巨大であり、神々しいばかりであった。このことからも一見実用主義的な感じを与えるスウエーデン人の多くが、実はこの神秘的哲人を今でも国民的英雄として深く尊敬していることがうかがわれた。

私にとってもう一つの重要な出来事は、二〇〇六年、ＰＨＰ研究所から『人間は霊界を知り得るか』と題し、主としてプラトンやカントが考えた死後の世界を伝えた本を出版したことであった。これはのちに国際文化表現学会賞を受けたが、その中で私は、本書で展開されたカントとスヴェーデンボリの対決を取り上げるとともに、それ以後の視霊に関するもろもろの識者の見解を伝えた。そのうち、ショーペンハウアーとフロイトの見解をここで紹介しよう。

ドイツの哲人ショーペンハウアー（一七八八―一八六〇）は人生の苦悩からの解脱を唱えたが、その際彼はカントよりは超自然的現象とくに視霊に対してもはるかに好意的立場をとっていた。エッセー「視霊とこれに関連するものについての研究」の中でも、たとえば次のような具体例を列挙している。

「死人の幽霊が目ざめた意識のなかに現れないとは断定できない。だがこの種の幽霊が最もひんぱんに見られるのは、眠っていながら目ざめているような状態である。こうした状態にあっては、確かに一種の夢を見ているとはいえ、身近な事物を明白に見ることができる。家具調度など、見るものすべてが客観的現実のようであり、したがって幽霊も実在するように思われる」

「ある女の夢遊病者が、くわしく描き出した幻覚は百年以上前のものと思われる家の中の光景をやにわに出現させた。彼女の幻覚の中の登場人物は彼女が見たはずがないのにも拘らず、今でも残っている彼らの肖像画にそっくりであった」

「死霊は普段は衣服をまとっており、普段着のこともある。その幽霊が殺人者であるときは殺された者と一緒に、またその幽霊が騎士であった場合は愛馬と共に出現する」

ところで視霊の研究は二〇世紀になってからもますます盛んになり、精神分析学者のフロイト（一八五六―一九三九）も主著『夢判断』などでこの問題を扱っている。彼によれば夢の多くは潜在的願望であり、近親相姦のような邪悪な性欲をはじめ、目ざめているときは本人が認めたくない欲求や野心が、睡眠中に夢となって出現するのだ。フロイトが示す次の実例は幽霊ではなく死体を見た夢だ。ある少女は姉の第一子が死体となっているのを実際に見たが、夢の中では今でも元気な姉の第二子が死体となって現れた。フロイトはこの夢について次のように解釈した。この少女は実際に亡くなった姉の第一子の棺のかたわらで、実は以前に彼女が好きだった男性にめぐりあった。それで少女が見た夢の中では、もし姉の第二子も死ねば今でも好きなこの男性に再会できるだろうという彼女のかくされた願望が実現し、第二子の死体を見ることになった。

これらの実例は、視霊に関する研究の中ではまさに九牛の一毛にすぎないであろう。それでも現代社会においても、スヴェーデンボリ流の考えをもつ人が多数いることを示している。そのためますますカントの冷静な見解を述べた本書の現代的意義があるように思われる。

なお本書も、ドイツの思想家特有のきまじめな論理性が現れているせいか、第一部独断編は、かなり生硬かつ難解である（導入部の難解なのはドイツの哲学書の特色であろう）。ところが第二部の歴史編ははるかに平易明解であり、皆様が欣然と読んでくださることを期待したい。

最後に本書刊行を実現させてくださった講談社の方々、とくに梶慎一郎さんに感謝したい。

二〇一三年　二月

金森誠也

解説　批評家の夢

三浦雅士

私は哲学の専門家でもなければ思想史の専門家でもない。たんなる文芸批評家にすぎない。したがってカントの業績についてなど無知同然なのだが、にもかかわらず名著『視霊者の夢』の学術文庫版刊行に際してその末尾に一文を寄せるのは、このカントの著作が東洋のひとりの文芸批評家の関心をなぜ強く惹くのか、その理由を語ることもまた一興と考えたからである。題して「批評家の夢」としたのは、むろん、批評家もまた視霊者のようなもので、いま語ろうとしている夢の内容以上に、その夢を語ってしまうという事実のほうが、あるいは創造的な批判を引き寄せないとも限らないと思ったからだ。とはいえ、夢の内容にも関心を持ってもらえればそれ以上に嬉しいことはない。

＊

詩人のハインリッヒ・ハイネがフランス人に向かってこう述べている。君たちフランス人はわれわれドイツ人にくらべてみると、おだやかでひかえ目である。なぜなら、君たちはせいぜいたったひとりの国王しか殺せなかったが、しかしドイツ人であるカントは、『純粋理性批判』という剣で神の首を切ったのである、と。一八三四年にフランスで執筆された『ドイツ古典哲学の本質』の一文だが、その後に一節まるまる引用するに足る文章がある。ちなみに一八三四年はカントの没後三十年。

思想界の大破壊者であるイマヌエル・カントは、テロリズムではマキシミリアン・ロベスピエールにはるかにまさっていたが、いろんな点で似ているところがあった。だから、このふたりの人物をくらべて見なければなるまい。まず第一にこのふたりには、容赦しない、するどい、雅趣のない、くそまじめな正直さがある。第二にこのふたりには、うたがいぶかい心がそなわっている。カントはそのうたがいぶかい心を「批判」と名づけて、思想にたいして発揮したし、ロベスピエールはその心を「共和国の徳」と名づけて、人間にたいして用いたのであった。第三にまたこのふたりには、ひとしく小商人根性が最高度にあらわれている。このふたりは元来、コーヒーや砂糖をはかり売りするように生れついていた。ところが、ふしぎなめぐりあわせで、ほかの物をはからねばならなくなった。ロベスピエールのはかりの皿には国王が、カントのはかりの皿には神がのせられたのである……（伊東勉訳、以下同様）

文章は改行してさらに「そしてカントもロベスピエールも、てきとうな分銅をそのはかりの分銅皿にのせた！」と続くが、いかにも詩人らしい感情豊かな文章と言うべきだろう。ハイネによれば、『純粋理性批判』が名著でありながらなかなか評価されなかったのは、「おそらくこの書物の異様な形式とまずい文体による」のである。カントはそれ以前にはもっと立派な文体で小論文を書いていた。「それらの小論文のうちでも、とくに目だつのは、すでに一七五五年に書かれた『天文学の一般的な歴史と理論』、それから十年のちに書かれた『美と崇高の感情についての観察』、およびフランスの随筆風に上機嫌があふれている『ある見霊者の夢』などである。これらの小論文にあらわれているカントの洒落は、きわめて独特のものである。つまり、その洒落は思想にからみついて、弱いながらも、さわやかな高所まではいのぼっている」と。

『ある見霊者の夢』はもちろん『視霊者の夢』のことである。ハイネもまた『純粋理性批判』同様、『視霊者の夢』を熟読していたわけだ。「フランスの随筆風に上機嫌があふれている」という形容など、『視霊者の夢』のじつに適切な批評になっている。

ミシェル・フーコーの博士論文（副論文）『カントの人間学』が刊行されて、主著『言葉と物——人文科学の考古学』におけるカントの位置があらためて認識されたが、ハイネのカント評もフーコーが投げかける照明のもとで見るとまたいっそう興味深いと言わなければならない。「このふたりには、ひとしく小商人根性が最高度にあらわれている。このふたりは元来、コーヒーや砂糖をはかり売りするように生れついていた」という比喩などがとりわけそうだ。小商人根性すなわちプチブル根性だが、哲学者カントと経済学者アダム・スミスの同時代性——資本主義勃興期というよりは物の秩序が大きく変動した時代のその同時代性——が、ハイネの文章においてすでに示唆されているようにさえ思われるのである。『純粋理性批判』は一七八一年、『国富論』は一七七六年の刊である。

＊

ハイネを引いたのは、しかし、フーコーのカント論を云々したいためではない。その昔、ハイネの巧みな紹介文のもとに『視霊者の夢』や『純粋理性批判』を読んで、意外な思いを味わったからである。ハイネは、カントは神の首を切ったのだと力説しているが、『視霊者の夢』にせよ『純粋理性批判』にせよ、およそそうは思えなかったのである。逆に、最終的には神を擁護しているように思えた。神の実在をまことしやかに語ることを諫めはしていても、神の存在を否定しているわけではない。『実践理性批判』にいたってはなおさらだが、そのことはすでに『純粋理性批判』の後半において明らかにされているのだ。悟性の特質は「知」だが、理性の特質は、見てくれとは大きく違って、はっきり言って「信」にほかならない。カントによればその理性が、当然のことながら、信ずる対象としての神を必要としているのである。カントは周到にも、まず理念を、次に理想を、さらにその典型としての神を提示するのだが、いずれにせよすべて「知」の対象ではなく「信」の対象なのである。つまり悟性の領分ではなく理性の領分に属すのだ。

したがって、『視霊者の夢』も『純粋理性批判』も、ハイネの評とは大違いで、踏ん切りの悪い文章としか思えなかった。「フランスの随筆風に上機嫌があふれている」などとはとんでもない、煮え切らない文章の見本に見えたのである。神の存在をもってまわってさんざん否定しながら、最終的には肯定しているのだから当然である。むろん当時のヨーロッパの状況を考えればそれでもなお過激だったのだろう。だが、後代の眼にその論理は少しも過激ではない。まさに常識的である。

一般にヨーロッパ近代哲学はデカルトから語られ始められる。デカルトの「我思う、ゆえに我あり」から語られ始められ、それが、ロック、バークリー、ヒュームと続くイギリス経験論の流れと、スピノザ、ライプニッツと続く大陸合理論の流れの二筋に分かれ、両者をカントが総合したといったふうに語られてきたのである。その総合が、カントの批判哲学であり、それは、それまでの古い形而上学に代わる新しい認識論であったということになる。古い形而上学の詭弁を暴いたのが『純粋理性批判』だが、その先駆が『視霊者の夢』にほかならないわけだ。

実際、『純粋理性批判』の骨子は『視霊者の夢』に尽くされている。『視霊者の夢』で俎上に載せられているスヴェーデンボリはそれまでの古い形而上学者の身代わりにすぎない。『視霊者の夢』は「フランスの随筆風に上機嫌があふれている」文体で書かれ、『純粋理性批判』のほうは、ハイネによれば、「まずい文体といえば、カントほど非難さるべき哲学者はほかにはあるまい」というような文体で書かれているが、まあ、それは、「天国をにわかにおそって、そこの守備兵をのこらず斬りころして」しまうほどの攻撃を敢行するためには、それなりの大鉈《おおなた》が必要とされたということだろう。繊細な文体では天国を壊滅させるほどの乱暴狼藉は不可能というものである。身代わりを殺すには洒落た小刀でも十分だろうが、屈強の大男たちすなわち歴史上の大形而上学者たちを殺戮するにはそうはいかない。

『視霊者の夢』とほぼ同じ内容が語られるのは『純粋理性批判』の「超越論的弁証論」においてだが、この部分が『純粋理性批判』のほぼ半分を占めることを思えば、『純粋理性批判』が『視霊者の夢』の直接的な延長上に書かれたことは歴然としている。逆に言えばそれは『純粋理性批判』を知るには『視霊者の夢』を読むにしくはないということである。カントは「形而上学は人間理性の限界についての学問で」あり、「わたしは理性の限界をたしかに本書でははっきりと規定しなかった」と『視霊者の夢』に書いているが、その理性の限界を規定することが『純粋理性批判』に持ち越されるわけだ。

ちなみに、ここで「純粋」というのは「経験的ではない」ということである。人間の知はただ経験によってのみ担われるという考え方が経験論であるとすれば、純粋理性という語そのもののなかにそういう考え方に対する非難が盛り込まれているわけだ。あらゆる経験を拭い去った、まるで生まれたばかりといった理性なるものがあるとして、その理性の可能性と限界を測定するならば、という意味が、表題そのもののなかに含まれているのである。つまり、イギリス経験論の考え方でいけば独我論か懐疑論に陥ってしまうだろう、人間の知がそんなふうであるわけがない、という考え方が示されている。

*

『純粋理性批判』は、超越論的という方法――「私は、対象にではなく、私たちが対象を認識するしかたに、その認識のしかたがア・プリオリに（経験なしに、また経験にかかわりなく＝引用者注）可能であるべきかぎりで総じてかかわる認識を、すべて超越論的と名づける」（熊野純彦訳、以下同様）――がなぜ採用されねばならなかったかを語る序論についで、「超越論的原理論」と「超越論的方法論」の二つに分かれる。

　この二つのうちで重要なのは「原理論」であって、それはさらに「超越論的感性論」と「超越論的論理学」の二つに分かれる。「感性論」のほうは要するに時間と空間が（経験によって認識されるのではなく、むしろその経験を可能にする形式として）ア・プリオリに与えられたものであることを論証するだけで、議論の重大性――当時としては画期的だったろう――に比べてきわめてあっさりしている。つまり、短い。

注目すべきは「原理論」の第二部とされる「超越論的論理学」のほうだが、これはさらに「超越論的分析論」と「超越論的弁証論」の二つに分かれる。「分析論」のほうは悟性論で、これは対象を直観する機関である感性に対して悟性がその直観を概念化する機関としてあることを力説する。感覚は外界を感じるが、色であれ音であれ、感じるだけでは何が何だか分からない。立《た》ち眩《くら》みした瞬間の自分の身の回りを思えばいい。色も音も脈絡なく襲ってきて物の輪郭が吹っ飛んでしまう。それをテーブルであるとか椅子であるとか認識して、自分の立ち位置を知るのは悟性の概念化する力によるのだ。論じられているのは要するにそういったことだ。認知科学の先蹤《せんしょう》である。

これに対して「弁証論」のほうはもっぱら理性をあつかうのである。この「弁証論」が先に述べたように『純粋理性批判』の全体のほぼ半分を占めるのであり、二章からなる序論があって、第一が「超越論的仮象について」、第二が「超越論的仮象のありかとしての純粋理性について」である。超越論的仮象の原語は、トランスツェンデンターレン・シャインで、広く用いられている英訳はトランスセンデンタル・イリュージョン。要するに超越論的幻想である。シャインの一般的な日本語の訳はこの場合は外観、見かけ。したがって、英語の訳語としてもアピアランスのほうが適切に思えるが、しかしカントの意図を汲むと幻想のほうが実感的に腑に落ちる。ほかにイルーソリー・アピアランスという訳語も見かけるが、イリユージョンという訳語のほうが広く流布している。

『視霊者の夢』があつかったのは、神であり霊魂であり死後の世界である。ここで言う仮象すなわちシャインが、同じく神や霊魂や死後の世界を指すことを思えば、それらは見かけ、見せかけにすぎないというよりは、幻想にすぎないと言ったほうが分かりやすい。神は見せかけであるというよりは幻想であるといったほうが文脈においても適切だ。

「私たちはさきに、弁証論一般を仮象の論理学と名づけておいた」というのが、「超越論的仮象について」の冒頭である。弁証論一般は幻想の論理学にほかならないということだが、それはなぜかといえば、要するに理性は幻想にしかかかわらないからだ。カントは、理性は何かにつけて間違いやすい、騙されやすいと考えているのである。感性は間違わない。悟性は間違うが、感性の直観がもたらす客観的な事物によってそれを是正することができる。ところが理性は、是正するにしても頼りになる客観物を手にしていないのだ。

　感性は現象にじかにかかわる。現象の背後に実体があるかどうか、つまり物自体と称される不気味なものが横たわっているかどうか、そんなことは分からないが、とにかく現象にかかわる。かかわるというのは直観するということである。感性は現象を直観する——「感官はあやまらないと語ることは正当であるとはいえ、それは、感官がつねに正しく判断するからではない。感官が判断などまったくしないからなのだ」——、その直観された現象を分類整理して、これは何、あれは何というのが、悟性であって、そのために用いられる一種の道具が概念である。だから悟性は点検することができるのである。

理性はまったく違う。「私たちの認識はすべて感官からはじまり、そこから悟性へとすすんで、理性にいたっておわる。直観の素材を加工して思考の最高の統一へともたらすさいに、理性を超えてさらに高次なものは、私たちのうちになにも見いだされない。いま理性という、この認識する最高の力をめぐって説明をくわえるべきはこびとなって、私はいささか困惑している」とカント自身が述べている。カント自身が説明に窮しているのである。理性的に振る舞う、理性に訴えるといった日本語の語感から類推しただけではカントの意図を誤って受け取ることになりかねない。

強引に言ってしまえば、理性というのは「悟性の悟性」のようなもの。悟性が感性のもたらす直観に概念を与えて世界を認識するように、理性は悟性のもたらす概念にさらに理念（たとえば自由、平等、博愛）や理想（たとえばプラトンやゲーテ）を与えて概念にもとづく認識や行為に明確な指針を示すのである。感性、悟性の関係が、悟性、理性の関係で反復されているようなものだ。『視霊者の夢』から『純粋理性批判』へといたる過程で、人間の認識の仕組みを立体的に表わす図式が完備されたわけだが、しかし、なぜそれが理性でなければならないのか、こちらも困惑する。

哲学者の木田元がヨーロッパ近代哲学における「理性」概念を「神の理性の出張所ないし派出所のようなもの」と述べているが、これは腑に落ちる。

『方法序説』をよく読んでみると、デカルトの言う『理性』は、われわれ日本人が『理性』と呼んでいるものとはまるで違ったものなのです。われわれ日本人が『理性』というのは、われわれ人間のもっている認知能力の比較的高級な部分、しかしいくら高級でも、やはり人間のもっている自然的能力の一部ですから、生成消滅もすれば、人によってその能力に優劣の違いもあります。

だが、デカルトの言う『理性』はそんなものではありません。それは、たしかにわれわれ人間のうちにあるけど、人間のものではなく、神によって与えられたもの、つまり神の理性の出張所ないし派出所のようなものなので、したがってそれを正しく使えば、つまり人間のもつ感性のような自然的能力によって妨げたりせずに、それだけをうまく働かせれば、すべての人が同じように考えることができるし、世界創造の設計図である神的理性の幾分かを分かちもっているようなものだから、世界の存在構造をも知ることができる、つまり普遍的で客観的に妥当する認識ができるということになるわけです。

そうしたデカルトの言う理性は、われわれ日本人が考えている『理性』などとはまるで違った超自然的な能力なのですから、それを原理にして語られていることが、われわれに分かるわけがない。といって、それはわれわれが劣っているということではなく、思考の大前提がまるで違うのですから、当然のことなのです。(『反哲学入門』)

木田元はさらに「カントの『理性』の概念やヘーゲルの『精神』の概念になると、話がもっと複雑でダイナミックになるので、デカルトのばあいほど簡単にいきませんが」と断わったうえで、「しかし、それでもさまざまな条件を考え合わせれば同じようなことになるのです」と続けている。

おそらく、カント自身の困惑を説明するとすれば、その背景にこのような問題——キリスト教の問題——が潜んでいるということになるだろう。というのも、理性の限界を画定しようとしながら、実際には理性の力をその限界を超えてまで発揮させようとしているからである。「カントは『純粋理性批判』では神の存在を否定しているように見えますが、実はそうではなく、彼は神を理論的認識の対象として扱うことのおかしさを指摘しただけなのであり、彼に言わせれば、『信仰に席をあけるために、知を否定しなければならなかった』のです」と木田元は述べているが、それはしかし、同じ場所に正反対の力を作動させているに等しい。そこに思弁的理性（知）と実践的理性（信）という区分を導入したとしても、それはたんに矛盾を糊塗《こと》しているにすぎない。『純粋理性批判』を読み進みながら、同じ批判をカント自身に向けてみたらどうなるだろうという思いにしばしば襲われてしまう理由である。

理性こそが——さらに言えば人間こそが——最大の幽霊なのではないか。

だが、にもかかわらず、『視霊者の夢』から『純粋理性批判』へといたる道筋にきわめて強い魅力を覚えるのは、カントの言う理性の概念と、その理性を解明する方法としての超越論的という概念が、言語の概念と、言語論的という概念に重なって見えてきてしまうからなのだ。超越論的とは言語論的ということなのではないか。
いまや「批評家の夢」をあからさまに語っていい地点にまで来た。

＊

理性は間違いやすい。理性的に振る舞う、理性に訴えるといった日本語の語感からすれば、間違うのは感覚あるいは感情であって、間違わないのが理性というところだろうが、逆だと、カントは言うのである。『純粋理性批判』のなかでももっとも重要な「超越論的弁証論」序論の冒頭は「超越論的仮象」について論じるところから始まると先に述べたが、その趣旨は、理性は理性の本性によって間違うということなのだ。

それはたとえば愚かな者が、知識が足りないがゆえにおのずと巻きこまれるようなものではない。あるいはまた、だれかソフィストめいた者が理性的なひとびとを混乱させようとして、人為的に考えだしたものでもない。かえってこの弁証論は人間理性に追いはらいようもなくまとわりついて、私たちがその迷妄を露呈したのちにさえもなお人間理性を巧みに欺瞞し、たえず一時的な混乱へと理性を突きおとすのをやめないものである。かくして、この混乱はそのつど除去される必要があるのである。

理性はなぜ間違うのか。カントは理性の本性として間違うと述べているだけで、理由をあからさまには述べていない——示唆しているのは「世界の外部」（神＝統制的原理＝文法）という考え方（ヴィトゲンシュタインを思い出させる）だけである——が、疑いなく、理性は言語によって間違うのである。理性すなわち言語であるとすれば、理性はそれそのものによって間違うのだ。言葉は「昔乍らの魔術を止めない」と述べたのは、近代日本の批評家・小林秀雄である。文壇登場作『様々なる意匠』の一節だが、その最後の作品ともいうべき講演は『信ずることと知ること』であって、思想の骨格はカントに驚くほど似ている。『純粋理性批判』の最後、「超越論的方法論」の末尾近くに「思いなすこと、知ること、信じることについて」という節がある。常識を徹底すれば誰でも似たようなことを考えると言うべきか。晩年の小林秀雄は神秘主義に惹かれていたのだから、カントよりもスヴェーデンボリのほうに関心を持ったかもしれないが——もっともカントも関心を持ったからこそ『視霊者の夢』を書いたのだ——、要するに同じ領域すなわち言語の領域にあって揺れているのである。知と信の問題は言語の領域において発生する。それが人間の領域なのだ——「世界の外部」からの視線がなければ言語の領域（人称＝関係意識）は成立しえない。『純粋理性批判』は、カント自身の意図にかかわらず、結果的に言語論として読まれるべき書物になっている、というのが私の「批評家の夢」の概略である。それが「批評家の夢」であるのは、批評の課題が言語の魔術の機微を探ることにあるからだ。言語の魔術が人間とどのようにかかわっているか、人間の生をどのように豊かにするか——法も貨幣も国家も言語の魔術の変容にすぎない——を明らかにすることだからである。言語は人間を欺くことによって逆に人間を豊かにするのだから、突きつめれば言語の機能である理性が欺かれやすく誤りやすいのは——つまり信じ込みやすいのは——当然のことなのだ。『純粋理性批判』は言語の働きを語ってじつに雄弁である。とすれば、『純粋理性批判』は言語論として読み換えられるべきなのだ、と。

超越論的仮象を論じた序論に次いで、「超越論的弁証論」は第一篇「純粋理性の概念について」、第二篇「純粋理性の弁証論的推論について」と続く。第二篇の冒頭を引く。

> たんなる超越論的理念の対象（神、霊魂、世界）とは、どのような概念もそれについて有することのできないような、或るものである。にもかかわらずその理念（神、霊魂、世界）は、理性（言語）の根源的な法則にしたがい、まったく必然的に理性（言語）のうちで産出されたものなのである。（中略）私たちは避けがたい仮象（言語の幻想）によって、それ（神、霊魂、世界）に客観的な実在性を与えてしまうのだ。こうした推論はその結果についていえば、したがって、理性推論（言語による正当な論証）というよりは、むしろ詭弁的推理（言語による詭弁）と名づけられなければならない。とはいえ、その機縁

からするなら、じゅうぶん理性推論（言語による正当な論証）の名にあたいしうるのである。そうした推理はそれでも捏造されたり、偶然に生じたものではなく、かえって理性（言語）の本性に発したものだからである。それは人間の詭弁ではなく、純粋理性（言語）そのものの詭弁なのであって、すべての人間のなかでもっとも賢明な者さえ、この詭弁を免れることはできない。

括弧内の語は引用者による。括弧内の語に置き換えれば、この文章がほぼそのまま言語論、文学論、それも卓越した言語論、文学論になってしまうことは疑いない。この箇所だけではない。同様のことは『純粋理性批判』の随所で起こっているのである。

引用した一節に続く第二篇第一章「純粋理性の誤謬推理について」における「私は考える」という概念をめぐる考察（要するにデカルトの合理的心理学批判）はそのまま言語論にほかならない。カントがそこで述べているのは「私という現象」はひとつの言語現象（表象一般の形式）であって実体ではないということなのである。「私」というたんなる言語現象——誰もが私なのだ——を実体と見なすことによって、たとえば超越論的霊魂論の四つの誤謬推理（私の実体性、私の単純性、私の人格性、私の観念性）も成立しているのだというのが、つまるところカントの言いたいことなのだ。

ここでこれ以上、『純粋理性批判』に即して「批評家の夢」を展開するだけの紙幅がないのははなはだ残念だが――むろん能力もないのだが――、しかし、カントがハーマンやヘルダーといった同時代者から言語への考察が少ないゆえをもって非難されたことには触れておく必要があるだろう。要は、『純粋理性批判』が言語論として読み換えられなければならないとすれば、それはあくまでも『純粋言語批判』としてであって、いわゆる言語学（各国語の収集と比較）の研究書としてではないということだ。比較言語学が登場するのはまさにカントの時代においてだが、それは言語学が、民族学同様、勃興する自然科学（経験科学）の一環として遇されるようになったということにすぎない。ハーマンやヘルダーの念頭にあったのはそういう言語研究であって、人間存在の基底を形成している言語というもののありようの研究ではない。「普遍文法」の対象になるべき理念としての言語、理想としての言語の研究でもなければ、「言語は存在の住処」というときの、そういう言語の研究のことでもないのである。

重要なことは、カントが、理性の研究を標榜して言語の研究をしてしまったということ、そしてそのときに「超越論的」という方法、あるいは次元を提示してしまったということである。その方法、あるいは次元が、結果的に、言語現象の核心を衝いてしまったのだ――というのが「批評家の夢」なのだが、しかし夢もまた信じられれば力になる。

「言語は存在の住処」と言ったのはハイデガーである。そしてそのハイデガーはと言えば、それまでは認識論と見なされてきた『純粋理性批判』を、形而上学、それもその中核を占める存在論として読み換えたということで名を馳せた哲学者である。最後にハイデガーの『カントと形而上学の問題』を一瞥しなければならない。

＊

重ねて言うが、以下は一瞥にすぎない。

一九五〇年に刊行された『カントと形而上学の問題』第二版の序言に、ハイデガーは「絶えず人々は私の解釈の牽強に衝き当たる。牽強の非難はこの著作においてよく例証されうる」（木場深定訳、以下同様）と書いている。自分のテクストの読み方はいつでも暴力的だと非難されてきたが、『カントと形而上学の問題』はその見本であると、ハイデガー自身が認めているのである。牽強の原語はゲヴァルトザムカイトで英訳はヴァイオレンス。議論を活性化するためには暴力が必要であることは哲学史家も認めるところだ、と続く。ハイデガーに従えば、要するに、視霊者であろうが、批評家であろうが、哲学者であろうが、暴力的であることは必ずしも悪いことではないのである。

第二章「形而上学の基礎づけの遂行」のB「存在論の内的可能性の投企の遂行の諸段階」に次の一節がある。

（『純粋理性批判』で）問われているのは、存在論的総合の本質可能性である。これを説明して言えば、次のようなことが問われているのである。有限な人間の現存在は、自ら創造したのでないばかりでなく、自ら現存在としてそれに依存してさえもいる存在者を、どうして前もって超出（超越）しうるのであるか。存在論の可能性の問題は、従って先行的な存在理解の超越の本質および本質基礎への問いである。それ故にまた超越論的総合、換言すれば、超越を形成する総合の問題は次のようにも提起されうる。われわれが人間と名づける有限な存在者が自らではない存在者、従ってそれ自身から自らを示しえなければならない存在者に対して一般に開かれてありうるために、この有限な存在者はその最も内的な本質からいってどのようなものでなければならないか。

有限な存在者すなわち人間、無限な存在者すなわち神、であると一般には解釈されるところだろう。だが、これをこれまでの文脈に合わせて「暴力的に」読み換えれば、人間は、自分が作ったわけではなく、それに依存さえしている言語を、どうして俯瞰し掌握しうるのだろうか、ということになる。しかも、存在論の可能性は、にもかかわらず人間が言語にあらかじめ適合しているという、この超越論的なありよう（経験論でも合理論でも解明できないありよう）の本質とその基盤への問いにかかっているのだ、ということになる。これをさらに言い換えれば、人間が言語を使い、言語が人間を使うというそのことに対して開かれてあるためには、人間はその内的な本質からいってどのようなものでなければならないか、ということになるわけだ。

もちろん、『純粋理性批判』と同じように、『カントと形而上学の問題』が、あからさまに言語に触れているわけではまったくない。だが、どちらも、言語論であるかのように読み込めるようにできていることは否定できない。いや、そう読み込めるように示唆してさえいるように思える。『カントと形而上学の問題』から遡行して『純粋理性批判』を読むと、いっそうそう思えてくる。カントは超越的と超越論的とは違うと力説する。ハイデガーは存在的と存在論的とは違うと力説する。その違いは、最終的に言語に収斂するとしか思えないのである。

いずれにせよ、かりにこの問いこそが存在論の核心であるとすれば、理性を超越論的な方法で問いつめることによって人間すなわち「私という現象」が「言語現象」であることを示唆した『純粋理性批判』が「『認識論』とは何の関わりもない」のは当然であり、カントとともに「存在論がいまや一般に始めて問題となる」ことになったというのも当然である。これも「暴力的に」言えば、存在論とは言語論のことなのだ。神は言語にその地位を譲ったのである。ハイデガー以後の哲学がおしなべて文芸批評の様相を呈するようになった理由である——もっとも、文芸批評は言語作品からむしろ言語をむしりとるような仕事なのだが。

「批評家の夢」はしかしここで終わるわけではない。『純粋理性批判』はスヴェーデンボリを抹殺したわけではない。ハイネはカントが『実践理性批判』を書いたことを嘆いているが、とにかく宗教にその席を用意した、すなわちスヴェーデンボリにもその席を用意したのである。むろん、理由があってのことだ。

神と物自体の重なりを考えるならば、じつは「批評家の夢」にしてもさらに以下のように展開しなければならないのである。

言語はすでに物質によって夢見られていたのであり、その夢は、生命によって育まれ、人間によって成人し、いまやまさにひとりで歩きはじめているのだ、と。その本質はしかも、愛なのだ。なぜなら言語の特性は、人称が端的に示すように、互換性にほかならないからである。相手の身にならなければ言語は成立しない。そして相手の身になるためには、相手と自分の両者をつねに俯瞰する眼を、すなわち両者に対して上位の次元を持たなければならないのである。逃げる獲物を追う肉食動物は俯瞰している。いや、捕食される草食動物もまた逃げようとして俯瞰しているのだ――動物はすべて言語獲得の寸前にあると言っていい。だが、とすれば、草食動物に食べられる植物もまた俯瞰しているのではないか。植物の根に吸い上げられる鉱物もまた俯瞰しているのではないか。

言語はすでに物質によって夢見られていたのだ――この「批評家の夢」を粉砕する哲学者は登場するだろうか。たとえばそれは「精神」を「言語」に置き換えたにすぎない、というように。だがしかし、その置き換えは決定的ではないだろうか。

（文芸批評家）

本書は、一九九一年に論創社より刊行された『霊界と哲学の対話――カントとスヴェーデンボリ』(金森誠也編訳)所収の「視霊者の夢」その他を文庫化したものです。

金森誠也（かなもり　しげなり）

1927年，東京生まれ。東京大学文学部卒。広島大学，静岡大学，日本大学等の教授を歴任。1993年に日本独学史学会賞，2007年に国際文化表現学会賞受賞。訳書にゾンバルト『恋愛と贅沢と資本主義』『戦争と資本主義』，ショーペンハウアー『孤独と人生』，モール『ドイツ貴族の明治宮廷記』ほか多数。

講談社学術文庫

定価はカバーに表示してあります。

カント「視霊者《しれいしゃ》の夢《ゆめ》」

イマヌエル・カント／金森誠也《かなもりしげなり》 訳

2013年3月11日　第1刷発行

発行者　鈴木　哲
発行所　株式会社講談社
東京都文京区音羽2-12-21 〒112-8001
電話　編集部（03）5395-3512
販売部（03）5395-5817
業務部（03）5395-3615
装　幀　蟹江征治
印　刷　株式会社廣済堂
製　本　株式会社国宝社
本文データ制作　講談社デジタル製作部

ISBN978-4-06-292161-9

「講談社学術文庫」の刊行に当たって

これは、学術をポケットに入れることをモットーとして生まれた文庫である。学術は少年の心を養い、成年の心を満たす。その学術がポケットにはいる形で、万人のものになることは、生涯教育をうたう現代の理想である。

こうした考え方は、学術を巨大な城のように見る世間の常識に反するかもしれない。また、一部の人たちからは、学術の権威をおとすものと非難されるかもしれない。しかし、それはいずれも学術の新しい在り方を解しないものといわざるをえない。

学術は、まず魔術への挑戦から始まった。やがて、いわゆる常識をつぎつぎに改めていった。学術の権威は、幾百年、幾千年にわたる、苦しい戦いの成果である。こうしてきずきあげられた城が、一見して近づきがたいものにうつるのは、そのためである。しかし、学術の権威を、その形の上だけで判断してはならない。その生成のあとをかえりみれば、その根は常に人々の生活の中にあった。学術が大きな力たりうるのはそのためであって、生活をはなれた学術は、どこにもない。

開かれた社会といわれる現代にとって、これはまったく自明である。生活と学術との間に、もし距離があるとすれば、何をおいてもこれを埋めねばならない。もしこの距離が形の上の迷信からきているとすれば、その迷信をうち破らねばならぬ。

学術文庫は、内外の迷信を打破し、学術のために新しい天地をひらく意図をもって生まれた。文庫という小さい形と、学術という壮大な城とが、完全に両立するためには、なおいくらかの時を必要とするであろう。しかし、学術をポケットにした社会が、人間の生活にとってより豊かな社会であることは、たしかである。そうした社会の実現のために、文庫の世界に新しいジャンルを加えることができれば幸いである。

一九七六年六月

野間省一